给孩子的**历史启蒙书** 少儿彩绘版

中国历史故事 5

两晋南北朝

崔 婧 著

中华书局

图书在版编目（CIP）数据

中国历史故事.两晋南北朝/崔婧著. —北京:中华书局,2022.7
(2023.5 重印)
（中国历史故事）
ISBN 978-7-101-15580-8

Ⅰ.中… Ⅱ.崔… Ⅲ.中国历史-魏晋南北朝时代-儿童读
物 Ⅳ.K209

中国版本图书馆 CIP 数据核字（2022）第 016322 号

书　　名	中国历史故事（两晋南北朝）
著　　者	崔　婧
绘　　图	竞仁文化
丛 书 名	中国历史故事
责任编辑	刘德辉
责任印制	陈丽娜
出版发行	中华书局
	（北京市丰台区太平桥西里 38 号　100073）
	http://www.zhbc.com.cn
	E-mail:zhbc@zhbc.com.cn
印　　刷	大厂回族自治县彩虹印刷有限公司
版　　次	2022 年 7 月第 1 版
	2023 年 5 月第 2 次印刷
规　　格	开本/787×1092 毫米　1/16
	印张 8¼　字数 120 千字
印　　数	3001-8000 册
国际书号	ISBN 978-7-101-15580-8
定　　价	30.00 元

精彩的历史，好看的故事

——致读者

　　几乎每个中国人都知道，中华文明有"上下五千年"之久，现代考古学研究则告诉我们，在五千年之前，中华大地上的聚落和城邑已星罗棋布，不同的群体聚居在各地，共同向文明迈进，最终汇聚成统一而包容的中华文明。今天，我们能从文字记载中考察到的中国历史，最远也可以上溯到那个文明交汇的部落时代——记录在神话与传说中。从远古的三皇五帝，到辛亥革命推翻帝制，几千年来，一代代史家用文字郑重地书写着我们民族的历史，从未间断，这在世界上是独一无二的。

　　前人为我们留下了数不清的历史文献，这些皇皇史册连缀起一条中国古代历史的长河，映照出了河水中的朵朵浪花——一个个跌宕起伏的故事、一群群生动鲜活的人物……

　　历史不是尘封的记忆，而是曾经活生生的现实，阅读历史也就是从另一个角度观照现实。人们常说"以史为镜"，读历史，可以让我们从前人的成功与失败中获取经验，总结教训，跳出自身阅历的局限，增长为人处世的智慧。而读中国历史，更能让我们了解中国传统文化，提高文史修养和综合素质，尤其有益于语文学习。

　　这套《中国历史故事》取材于"二十四史"、《清史稿》、《资治通鉴》等中国古代最重要、最有价值和成就最高的史籍，故事个个有出处。与满篇"之乎者也"的文言文原著不同，它用通俗活泼的语言讲故事，在故事里介绍历史上的重要人物和事件，并配有彩色卡通插图，读起来妙趣横生，一点也不枯燥。

　　故事后面的"知识卡片"可以让小读者了解每个时代的科技、文学等独特成就，有的篇章还总结了与故事相关的名言名句和源于故事的成语典故，希望小读者可以了解更丰富的传统文化，积累语言素材。部分故事的最后还设置了"你怎么看"环节，鼓励大家读完故事后积极思考，勇敢表达自己的看法，从小培养独立思考的习惯，促进辩证思维和创造思维的发展。

　　让小读者领略中华民族悠久而动人的历史，了解我们的祖先曾经走过的路，并能从中有所收获，是我们策划这套书的初衷。一代代中国人，正是阅读着这些精彩篇章长大的，而中国文化也正是在历史的阅读中传承与绵延。期待小读者能喜欢上我们这套彩绘版的《中国历史故事》，并且收获多多。

中华书局编辑部

目 录

魏蜀吴三国终结者

从东汉末年黄巾起义、群雄割据，再到东汉灭亡、三国鼎立，转眼间中原大地已经混乱了半个世纪。到了曹魏正始年间，京城洛阳的街头巷尾流传着一句童谣："何、邓、丁，乱京城。"当时正是曹魏的第三位皇帝曹芳在位，曹芳即位时只不过是个8岁大的孩子，由大将军曹爽和太傅司马懿（yì）共同辅政。曹爽仗着自己是皇帝的亲戚，根本不把年幼的曹芳放在眼里，指使他的手下，也就是童谣里提到的"何、邓、丁"三人囚禁了郭太后，又排挤司马懿，独揽朝政大权。

最佳演技奖得主司马懿

司马懿看出曹爽的野心，心里知道不能急于跟曹爽正面争斗，于是假装卧病在家，不问朝廷政事。此时的司马懿已经将近70岁了，但曹爽对他还是放心不下，就派李胜到司马懿家中看看他是不是真的生了重病。

在去司马懿家的路上，李胜心情复杂，一直琢磨着司马懿到底是真的生病了，还是在假装生病。毕竟他们二人旧时有些交情，如果他真是病入膏肓（huāng），作为朋友的李胜也会感到很难过。

李胜来到司马懿家中，由仆人引着从大门口走到客厅门口，只见两个婢女一左一右搀扶着司马懿从卧室出来。

"大人，您都这样了，还非要出来干什么？"其中一个婢女说。

"李大人是我的老友，只要我还有一口气，就得亲自迎他进来。"司马懿好像没看到已经走到门口的李胜，费力地扭头对婢女说。

看到这情景，李胜赶忙加快脚步，走上前去，扶住司马懿："哎呀！太傅，您这是何苦呢！快，咱们到屋里说话，外面有风。"

司马懿在婢女和李胜的搀扶下，回到卧室，躺到了床上。李胜坐到床边，准备跟他叙叙旧。看起来，此刻的司马懿几乎筋疲力尽了。他躺了许久，才稍稍缓过来一点儿神，费力地抬起一只手，冲着婢女指指自己的嘴。这是什么意思呢？

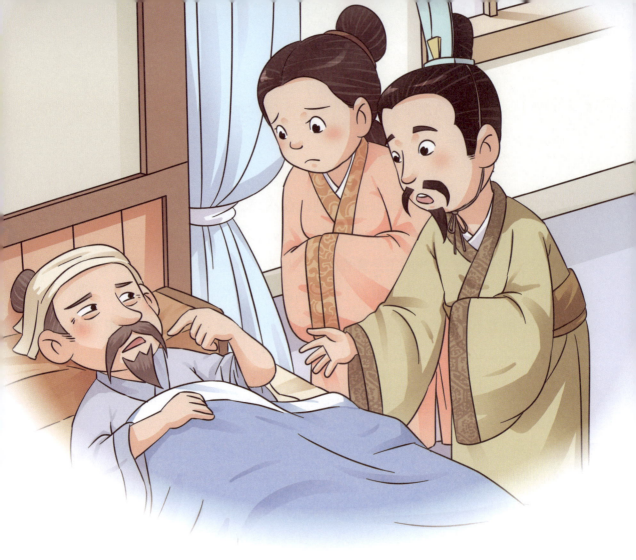

　　"大人，您这是渴了？我去给您拿碗粥喝。"司马懿点了点头，婢女便转身出去了。

　　看到这样虚弱的司马懿，李胜一时也不好意思开口问话，只能静静地坐在一边观察着。不一会儿，婢女端了一碗粥来，用勺子喂司马懿喝，他颤颤巍巍地费力吞咽，粥还是从嘴角流出不少，把胸口衣襟都弄得脏兮兮的——其实，这都是司马懿凭借高超的"演技"伪装出来的。

　　见此情景，李胜终于忍不住说："哎呀，太傅，前几日我从别人那里听说您旧病复发。起初还不相信，心想明明不久前才见过您，哪承想竟然真的这么严重！我马上就要离开京城去外地赴任，您这个样子叫我如何放心走啊？"

　　司马懿不仅装出一副气息微弱、毫无气力的样子，还装作自己脑子也糊涂了，他明知李胜是要到荆州赴任，却说："我呀，老啦，病啦，日子不多啦。听说你要去北边的并州，那边离胡人很近，乱得很，你可要多加小心呀。你看我病成这样，咱们呀，恐怕没有机会再见面了，我那两个儿子以后你要多多关照呀……"

"错啦，我不是要去并州，是回荆州。"李胜摇了摇头，纠正司马懿的"错误"。

司马懿继续假装老糊涂："你这两天就要出发去并州了吧？"

李胜叹了口气，提高了嗓门："我是要回荆州！"

司马懿这才装作听清楚了："唉，你看我，老啦，耳朵聋啦，人也糊涂啦。你是要回荆州去呀，好好干吧，你还有大好的前程！"

李胜从司马懿家离开后，向曹爽汇报自己的所见所闻，说司马懿确实是病入膏肓，无药可救了。曹爽听了李胜的话，也就对司马懿不再有戒心，放心地继续横行霸道。与此同时，司马懿和他的儿子们正在暗暗等待时机，准备发动政变，夺取朝政大权。

第二年的正月，皇帝曹芳离开国都洛阳去祭拜他的养父魏明帝的陵墓，曹爽等人也同行前往。司马懿看到机会来临，趁着他们离开京城的时候，上奏郭太后，请求废除曹爽。紧接着，他又假借郭太后的名义，关闭城门，占领武器库，并派兵出城守住洛河上的浮桥。被困城外的曹爽无计可施，只好向司马懿投降，他的手下们也都被逮捕入狱并被处死。经过这次政变，司马懿清除了朝廷中以曹爽为首的曹姓宗室势力，然后提拔和任用自己的亲信，把持了曹魏的朝政，这为日后司马氏改朝换代打下了基础。

路人皆知司马昭之心

几年后，司马懿去世，他的大儿子司马师继续执掌曹魏的军政大权。又过了几年，司马师去世，朝廷由司马懿的二儿子、司马师的弟弟司马昭接管。这些年里曹魏的皇帝们不过是傀儡（kuǐlěi）而已，对于不"听话"的，司马氏兄弟或者把他废掉，或者干脆杀掉，再另立新的皇帝。事实上，大家都很清楚，他们最终的目的是要把皇帝的宝座抢到自己手中。

司马师废掉曹芳，另立13岁的曹髦（máo）为皇帝。等到司马昭掌权的时候，曹髦已经长大了，对在朝廷上作威作福的司马昭非常痛恨，也很清楚司马昭的野心在于夺取皇位。于是，曹髦决定铤（tǐng）而走险，先发制人，除掉司马昭。

一天夜里，京城洛阳电闪雷鸣，大雨滂沱（pāngtuó），曹髦决定开始他的行动。他穿上铠甲，拿起武器，集合宫中的士卫。正准备出发，宫中大乱，有官员拦住年轻的皇帝，上奏说天降大雨，不是好兆头，请他收回命令。已经下定决心的曹髦一把将来人推开。

　　又有三位大官闻讯赶来劝阻，曹髦见他们到来，当然知道他们想要说什么，所以不等他们开口，就抢先说道："司马昭的野心已经这么明显，所有人都能看出他想要自己当皇帝。我不能坐等被他废黜（chù），今天我就要与他做个了断！"

　　一位大臣立刻上前，诚恳地劝说曹髦："陛下，朝政大权操纵在司马氏手中很久了，满朝文武都是他们的亲信。您势单力薄，莽撞行动的话，后果不堪设想啊，请您慎重考虑！"

　　曹髦胸中的怒火正旺，听到这番话，非但没有冷静下来，反而更加愤怒，他

掏出怀里的令牌，狠狠地摔在地上，厉声说："朕意已决！如果失败了，无非就是一死，有什么好怕的？更何况还不一定就失败呢！"

曹髦率领着上百人，手持宝剑，登上马车，大呼杀贼。在这样一个雷雨交加的夜晚，一行人浩浩荡荡地向司马昭家冲去。

他们刚出发，早就有人快步出宫，抄近路去给司马昭报信了。曹髦临时拼凑起来的乌合之众刚出宫门，就被司马昭的亲信贾充带兵拦住。司马氏父子常年带兵，他们手下军队的战斗力自然比曹髦的要强上百倍，双方刚一开战，曹髦的队伍就四散逃亡。

曹髦又急又怕，举起手中宝剑，高声叱（chì）责："朕是天子，谁敢拦朕！"然后挥舞着宝剑，左右乱砍。司马昭手下的将士看到小皇帝亲自上阵，一时间不知所措，谁也不敢进逼，只好小心躲闪。

贾充见状，呵斥道："司马公养你们这些人，就是用在今天！还有什么迟疑的？快上！"

一想到如果司马昭败了，他们这些人也没有活路，于是有个人心一横，抽出长矛，奋力冲上前将长矛深深刺进曹髦的胸口。可怜曹髦这位少年天子，血溅宫墙，当场死亡。

司马昭除掉曹髦后，自己并没有急于坐上皇帝宝座，而是又立了一位15岁的傀儡皇帝。权力更大的司马昭，派遣军队兵分两路去灭蜀汉，军队顺利攻入成都。

蜀汉皇帝刘禅投降，蜀汉灭亡。

司马昭病逝后，他的儿子司马炎继续掌权。上台两个月后，司马炎逼迫曹魏皇帝让位，自己即位称帝，继续定都洛阳，改国号为"晋"，曹魏就此灭亡。司马氏经过三代人的努力，终于取代了曹魏，坐上皇帝的宝座。司马炎当上皇帝15年后，消灭孙吴，持续了80年的三国鼎立局面由此终结，分裂的中国重新统一。

（故事源自《三国志》《晋书》）

用"蝌蚪文"写成的古书

西晋时期，汲（jí）郡（在今河南卫辉、新乡一带）人盗挖战国魏襄（xiāng）王的陵墓，得到数十车竹简古书，这批古籍被称为"汲冢（zhǒng）书"或"汲冢古文"。这些古书全都是用被称为"蝌蚪文"的战国古文字书写的，学者从中整理出先秦古书十多种，共75篇。其中最重要的是编年史《纪年》13篇，因为这本书是写在竹简上的，所以又被后人称作《竹书纪年》，它是魏国的史书，记载了夏、商、周、春秋时期晋国和战国时期魏国的历史。《竹书纪年》是中国古代唯一留存的未经秦代焚书毁坏的编年体通史，是非常珍贵的史书。但到了后代，历经唐朝安史之乱和五代十国的混乱，《竹书纪年》的传抄本又逐渐失传。如今我们能看到的《竹书纪年》是宋代以后学者们重新收集和整理而成的版本。

你怎么看？

后人往往认为司马懿、司马昭老奸巨猾，不择手段夺取皇位，你怎么看？

魏晋名士的苦闷与放浪

嵇康爱打铁

西晋初年，一个寒冷冬日的黄昏，在山阳县郊外的小路上，一辆马车孤孤单单地向西而行。经过一处破败的宅院时，马车停了下来，从车上下来一名神情忧伤的中年男子。远处传来一阵牧笛声，声音嘹亮，曲调悲伤。男子朝着宅院的方向走了几步，又迟疑地停了下来，这里显然早已没人居住了，而男子也并不打算走进院子里看看。

宅院大门前有一棵大柳树，这天寒地冻的时节，它的枝干光秃秃的，垂下来的柳条随着寒风轻轻摆动。男子的目光围着宅院扫视了一圈，最终落在门前光秃秃的大柳树上，他定定地看着，两行热泪夺眶而出。

这个男人叫向秀，而这处破宅院曾经的主人正是他的好友嵇（jī）康。当年向秀、阮籍、山涛、阮咸、王戎、刘伶经常来嵇康家聚会。这处宅子后面有一大片竹林，他们七人带着酒肉、乐器到竹林里喝酒纵歌，仰天长啸，快乐似神仙。这七人都是名满天下的大才子，当时的人称他们为"竹林七贤"。

嵇康是曹操的孙女婿，曹魏时期曾经在朝廷里当官。司马氏掌握朝政大权后，属于曹姓势力的官员接连被杀。作为曹家亲属的嵇康不想支持司马氏，于是离开官场躲到山阳县，从此不问朝中事，过着外人看来逍遥快活的日子。

除了与朋友们到竹林里聚会，嵇康还有一个特殊的爱好——打铁。他在宅院门口的大柳树下支起打铁的炉子，向秀在一旁给他拉风箱鼓风，他就抡起大铁锤，叮叮当当地敲打起来。在炉火的烘烤下汗流浃背、灰头土脸的两个人，完全不是人们印象中文人雅士的样子……向秀看到破宅前光秃秃的柳树，回想起当年与嵇康在树下打铁的日子，忍不住流下眼泪。

向秀的脑海中又浮现出一段回忆。那天，嵇康与自己正在树下打铁，门外来了一群不速之客。嵇康抬头瞟了一眼，看出是朝中支持司马氏的几个人，心中觉得厌恶，于是继续挥舞铁锤敲打个不停，根本不理会这些人。

这些人站在旁边看了好一阵子，见主人嵇康根本没有招呼他们的意思，为首的钟会便转身准备离开。嵇康这时才开口问道："你们听说了什么而来？又看到了什么而去？"钟会冷冷地说："我们听到了所听到的而来，看到了所看到的而离开。"之后便愤恨地转身离去。

　　两人的话都说得没头没脑，实际上却大有玄机。钟会是朝中的大官，而且很有才华和学问，写了不少好文章，他很想结识大家公认的文章写得最好、风流倜傥（tìtǎng）的大才子嵇康。可是在嵇康眼中，钟会不过是个依附司马氏的小

人，因此根本不想搭理他。所以才会有钟会主动登门拜访，而嵇康却故意冷落钟会的一幕发生。

钟会因此对嵇康怀恨在心。几年后，嵇康受一桩案子牵连入狱，钟会觉得终于有了报仇的好时机，跑到司马昭跟前说："嵇康这么有能力的人，却不为您所用，如果不赶紧除掉他，恐怕会有后患。"又说："嵇康这些人破坏孔孟礼教，对社会有很坏的影响。这种行为任何君王都是无法容忍的。"司马昭觉得钟会说得有道理，于是就判了嵇康死刑。

嵇康临刑前，三千太学生集体请愿，请求朝廷赦免他，可是朝廷并没有同意他们的请求。到了行刑的日期，相貌堂堂、高大魁梧的嵇康从容地走向刑场，神色如平常一般。他看了看头上的太阳，知道离行刑还有一段时间，便要来一架琴，就地演奏了一曲《广陵散》。演奏完毕，周围的人都泪流满面，嵇康不动声色地把琴放下，叹息道："从前有人要跟我学《广陵散》，我不肯教。如今《广陵散》要失传了，真可惜呀！"说完，从容就义，年仅40岁。

嵇康之死的背后是魏晋之际司马氏与曹氏残酷的政治斗争，司马氏为了能够取代曹氏，一方面要尽量拉拢有能力和有社会影响力的人，另一方面要除掉那些不肯为自己所用的人。"竹林七贤"中的山涛是司马氏的亲戚，很早就投入司马氏阵营，为此嵇康写文章与他绝交。而在嵇康被害后，向秀也被迫到洛阳接受司马氏的官职。他在去往洛阳的路上，路过嵇康的旧宅时，追思往昔，写下了千古名篇《思旧赋》。

阮籍爱喝酒

在钟会给嵇康罗织的罪名中，除了不与司马氏合作外，还有不遵守礼法、破坏儒家定下的社会规矩。嵇康在写给山涛的绝交书中很直白地说自己不认可商汤、周武王、周公和孔子这些古代圣贤。这样的观点在当时可以说是惊世骇俗的。

"竹林七贤"中的阮籍也非常厌恶儒家礼教，他喜欢喝酒。他曾经听说步兵营后厨有人擅长酿酒，仓库里储藏着三百斛（hú）好酒，于是专门申请到那里当个小官。年轻时的阮籍也曾经胸怀大志，想要有一番作为。但是恰逢魏晋之际，政治斗争残酷，他只好用醉酒的方式来逃避自己不喜欢的事情。司马昭为了拉拢阮籍，想和阮籍结为儿女亲家，但阮籍内心厌恶司马氏，可又怕惹祸上身，于是每天拼命喝酒，一连60天都醉得不省人事，前来提亲的人见了他根本无法开口。见此情形，司马昭只好作罢。

阮籍在行为上和言语上经常反抗、批评礼教，但是内心却有着高尚的道德。他从小没了父亲，由母亲抚养长大，与母亲感情很深。一天，他与人下围棋，正到了对战的关键时刻，家中的仆人神色慌张地匆匆跑了过来："老爷，不好了，老夫人，老夫人她走了！"

"啊？"对弈（yì）的人大吃一惊，抬起头瞪大眼看着阮籍说："你赶紧回家去吧！"可是阮籍头也不抬，双眼紧盯着棋盘，平静地说："不，咱们把这盘棋下完再说。"

下完棋，阮籍还是没有立刻回家，反而要了一大壶酒，咕咚咕咚一饮而尽。

旁边的人都看得目瞪口呆。喝完酒，在众人不理解的目光中，阮籍突然恸（tòng）哭一声，口吐鲜血，倒在地上。

按照规矩，父母去世，子女在守孝期间不许饮酒吃肉，也不许有任何娱乐活动。而阮籍在母亲将要下葬那天吃了一只蒸乳猪，又喝了一大壶酒。葬礼上，他再次突然恸哭，口吐鲜血。他的行为虽然不合礼教，但他失去母亲的悲痛之情，大家都看在眼里，明了于心。

以嵇康和阮籍为代表的魏晋名士，风流潇洒，才华横溢，追求精神上的自由。他们在竹林中聚会，喝酒纵歌，畅谈玄妙的老庄哲学，看起来非常浪漫，后世往往十分羡慕和向往。但其实他们生活在一个动荡的时代，政治斗争激烈而残酷，才能和抱负无法施展，还要时时担忧自己和家人的安危，只能通过清谈、饮酒、装疯卖傻等方式来排遣心中苦闷，避世躲灾，并不像外人看起来的那样潇洒自在。

（故事源自《晋书》《世说新语》）

笔记小说《世说新语》

《世说新语》是南朝宋时刘义庆编写的文言小说集，是魏晋南北朝时期笔记小说的代表作。其内容主要是记载东汉后期到魏晋间一些名士的言行与轶事，分为"德行""言语""政事""文学"等36类，每类有若干则故事，全书共有1200多则故事。魏晋两朝重要的人物，无论帝王、将相，或者隐士、僧侣，都包括在内。《世说新语》所记虽是只言片语，但内容丰富，刻画传神，广泛地反映了这一时期士族阶层的生活方式、精神面貌及其清谈放浪的风气，是研究魏晋历史的重要史料，在中国文学史上也具有重要地位。

你怎么看？

"竹林七贤"中，有人为司马氏做事，有人宁死不支持司马氏，对此你有什么看法？

西晋富豪斗富擂台赛

首富石崇占上风

一天，洛阳城外的大道上，两辆牛车一前一后地飞奔而过，车轮过处尘土扬起老高。路上的行人远远地听到隆隆的声音，看到飞扬的烟尘，纷纷躲避。

"喂！跑那么快干什么？撞到人怎么办！"一个路人望着飞奔而去的牛车，生气地喊道。

原来，后面一辆车里坐的是晋武帝司马炎的舅舅、人称国舅爷的王恺（kǎi）。他可没听到路人的喊声，此刻正焦急地催促着驾车的人："快追！快追呀！他那头牛又瘦又小，哪一点比得上我的这头好牛！今天你要是追不上他，明天就给我卷铺盖回老家去！"

"是！大人！"驾车的人早已经满头大汗，此刻更是万分紧张。

前面一辆车里的气氛正好相反，石崇一脸得意地哼着小曲儿，偶尔回头看看王恺的车，知道这次的较量自己胜券在握，伸手拍拍驾车的人的肩膀："车赶得不错！回家重重有赏！"

"多谢大人！"石崇的驾车人洋洋得意，一脸轻松。

石崇虽然不像王恺是皇亲国戚，但出身也非同一般，他是西晋开国元勋石苞的六儿子，也是当朝的大官。他还是当时的首富，在洛阳郊外拥有别墅庄园，叫金谷园，依山傍水，规模宏大，堪比皇家园林。

石崇与王恺二人，一个尊贵，一个有钱，互相看彼此不顺眼。他们虽然表面上还算和气，甚至像这次一样结伴出游，但实际上一直在明里暗里地斗富，都想要把对方比下去。这场牛车拉力赛以石崇的获胜告终，气急败坏的王恺发誓一定要扳回一局。

又是一个风和日丽的好天气，一队仆人跑前跑后，一通忙活，一道长长的紫

色丝绸步障(古代贵族富家出门时用来遮挡路人视线的屏幕)架了起来。为了架设步障,许多本来在路上通行的老百姓被凶神恶煞的仆人们赶到了路的两侧。愤愤不平或是充满好奇心的路人们,三三两两地凑在一起议论起来。

"哎,兄弟,这是谁家呀?这前不见头后不见尾的,得有多长呀?"

"这你都不知道?你是刚进城的吧?这是国舅爷王恺家的呀!"

"原来是国舅爷啊,怪不得这么阔气!我今天算是开眼了。"

"喂,都给我安静,国舅爷马上就要过来了!"王恺的仆人大声呵斥,两边的路人都赶紧散开了。

步障里面,王恺和家人坐在牛车里在聊天。

"夫人,你看这紫丝步障怎么样?我可是让人做了四十里长呢。"王恺得意洋洋地问。

"哼,紫丝?我可是听说石崇他们家啊,用的是织锦,而且足足有五十里呢!"夫人瞟了王恺一眼,一脸不屑地说:"还有呀,你前阵子不是用麦芽糖刷锅,用赤石脂涂墙,发誓说要把石崇比下去吗?人家呀,如今开始用蜡烛当柴烧,而且像皇后的宫殿一样用花椒和泥涂墙呢!我看你呀,永远都比不过人家喽!"

"你怎么能长他人志气,灭自己威风呢?石崇那小子,我就不信打不败他!"王恺咬牙切齿地说。

自从跟石崇开始了这场斗富比赛,贵为皇帝舅舅的王恺总是不能占上风。王恺知道许多人都在偷偷看自己的笑话,一想到这一点,他就更加生气。

看到王恺的脸色阴沉下来,夫人赶紧说:"哎呀,我怎么会灭自家的威风呢?我说你呀,赶紧进宫去向陛下求助吧!再怎么说你也是他舅舅呀!你输给石崇那家伙,陛下他脸上也不好看啊!"

"嗯,夫人说得有理,我明天就进宫面见陛下。"之后一路上,王恺再没说一句话。

国舅爷的珊瑚树被砸碎

第二天一大早,王恺就进宫去见晋武帝司马炎。司马炎见他一脸怒火地进来,疑惑地问:"舅舅,你今天看起来脸色怎么这么差?是谁竟敢惹你生气?"

王恺狠狠地说："还不是石崇那个暴发户！"然后他便把前阵子两人之间的"比拼"情况添油加醋地向司马炎讲述了一番。

司马炎一听，也很恼火，就说："竟然有这样的事情！舅舅，前两天外国刚进贡了一棵珊瑚树，有二尺高，送给你吧。"

王恺满心欢喜地带着司马炎赏赐的珊瑚树离开了皇宫，迫不及待地来到石崇家中。刚好石崇正在家里请客吃饭，大厅里围坐着不少达官贵人。

坐在主位的石崇看到王恺带人抬着珊瑚树走进大厅，心里早就知道他在打什么主意。果然，王恺命人把珊瑚树放在大厅正中间，得意地说："石兄，陛下刚刚赏我一株珊瑚树。我知道你一向也喜欢收藏这类摆件儿，就带过来与你同赏。"

大厅上的宾客们纷纷称赞起珊瑚树的美。只见石崇起身走过去，挥起手中的铁如意朝着珊瑚树打去，三两下就把珊瑚树敲得粉碎。

"你——你！"王恺气得半天说不出话："你这是嫉妒我！"

"哈哈！别心疼！我是看这珊瑚实在不怎么样，根本不配摆在你家，所以才把它打碎。我现在就还给你一棵。"石崇回头向仆人招手示意。

不一会儿，仆人们就搬过来六七株珊瑚树，在大厅上一字排开。只见这些珊瑚树都有三四尺高，而且枝丫茂盛，颜色鲜艳，比刚才王恺的那株好多了。

大家一时间都看傻了眼，大厅里鸦雀无声，直到石崇说："大家看看，我这几棵珊瑚怎么样啊？王兄，你看中哪一棵，直接让下人搬走就行了。"

颜面尽失的王恺气得一句话也说不出，哼了一声，扭头就离开了，只听见身后响起众人的哄笑声……

类似石崇和王恺这样生活奢侈腐化的贵族、大官，在西晋还有很多。他们不仅有钱，而且在朝中世代为官。石崇是石苞的儿子，而王恺是曹魏司徒王朗的孙子，这样的家族被称为"世家大族"。其实西晋的皇室司马家，也是世家大族中的一员，司马懿的祖先，从东汉时就开始当大官了。比起司马家来说，曹家出身卑微，直到曹操才崭露头角，很多世家大族瞧不起曹家，所以大力支持司马氏改朝换代。

因此，西晋王朝建立后便制定了一系列政策，保护这些世家大族的利益。世家大族的人不一定有治国的才能，仅靠着血统和出身就能当大官。世家大族之间又通过联姻等方式形成利益集团，处处维护家族的利益，积累了大量的财富。在生活上，他们以奢华为荣，追求享乐，司马家的皇帝对于他们也特别宽容。就这样，巨大的财富浪费在奢侈的生活中，石崇和王恺的故事正是一个缩影。这样的奢靡的社会风气使得西晋初期的社会繁荣如昙花一现，没过多久就陷入混乱。

（故事源自《晋书》《世说新语》《资治通鉴》）

石崇的文艺生活

石崇是西晋时期的大官、富豪和文学家，他在洛阳郊区建了一处别墅，名为金谷园，是当时最豪华的庄园别墅。他与当时的著名文人左思、潘岳等二十四人结友，经常在金谷园内聚会，谈论文学，吟诗作赋，史称"二十四友"。西晋元康六年（296），征西大将军王翊（yì）从洛阳回长安，石崇在金谷园中为王翊设宴饯行。王翊一行及石崇的亲朋好友欢聚一堂，所有宾客赋诗述怀，宴后把所赋诗篇录为一集，命名为《金谷集》，石崇亲作《金谷诗序》。这次金谷园雅集也被世人传为佳话，后人称这次聚会为中国历史上第一次真正意义上的文人雅聚。

你怎么看？

不论是历史上还是当下社会都存在有钱人斗富的现象，你如何看待这类事情？

无能皇帝遇上黑心皇后

太子考试作弊

夜晚，皇宫里的凌云台灯火通明，热闹非凡，原来是晋武帝司马炎正在大宴群臣。宫廷里的乐师演奏着欢快的乐曲，歌姬舞女为君臣们唱跳助兴。

酒过三巡，大臣们都有些醉意了，本来还有些拘谨的气氛变得活跃起来。有些人端起酒杯，走下座位，去找相熟的人敬酒、聊天。也有人走到皇帝跟前祝酒，说的无非是一些夸赞皇帝英明神武的话。司马炎连着喝了许多杯酒，脸上泛起了红光，心情格外舒畅。

大臣卫瓘（guàn）举着酒杯离开自己的位置，一摇三晃地朝着司马炎走过去。他一路上歪歪斜斜，连直线都走不成，酒杯里的酒也被晃得洒出来不少。他来到司马炎面前，扑通一下就跪倒在地。

虽然说君臣间的礼数本该如此，但在这样的环境下，这突如其来的一跪还是让司马炎吃了一惊，他赶紧伸出手去搀扶卫瓘："快快平身，今日开心，不必拘于君臣之礼。"

哪知卫瓘不肯起身，带着醉意，口齿不清地说："陛下，臣有话要对您说。"

司马炎看他这个样子，又困惑，又紧张，居然有些不知所措："爱卿有什么话要对朕说？"

在司马炎的注视下，卫瓘的身体微微颤抖起来，几次三番欲言又止，似乎不知道该从何说起。最后，他终于伸出手，摸着皇帝的座位，不甘心地说："这个座位，可惜了呀！"

聪明的司马炎一下子就明白他想说什么了，赶紧伸出双手扶住卫瓘："爱卿，你当真是喝醉了？"

卫瓘也知道司马炎听懂了他的话，于是装作大醉，任由旁边的侍从扶着他回到自己的位置，没有再多说一句话，低头继续喝闷酒，直到宴席结束。

司马炎和卫瓘君臣想要讨论却没有明说的，就是关于当朝太子司马衷的事情。司马衷是杨皇后所生的大儿子，9岁那年便顺理成章地被立为太子。可是朝廷上下都心知肚明，这位太子实在不怎么聪明，恐怕未来不能担负起治理国家的重任。

早就有大臣冒着惹怒皇帝的风险，向司马炎建议废掉司马衷，另外选择聪明有才能的皇子立为太子。对于司马衷的情况，司马炎心里当然很清楚。但是一方面杨皇后坚持"立嫡（dí）以长不以贤"的传统不能违背，另一方面朝堂上也有很多大臣认为司马衷并不傻，只不过是天性淳朴而已。

犹豫不决的司马炎，也曾经想办法测试司马衷，看他是不是治国的材料。一次，他给儿子出了几道题，限他三天之内交卷。司马衷拿到题目后，根本不知道该如何作答。太子妃贾南风着急了，赶紧找人帮忙作答。这文章挺难作，因为不仅要写明白意思，还不能文采太好，否则就会露馅儿。三天后，司马炎拿到儿子交上来的答卷，感觉文章虽然写得不漂亮，但思路还算清楚，能让人看明白。再想到司马衷的儿子，也就是自己的孙子还算聪明伶俐，司马炎便放下了废太子的心思。

皇帝糊涂蛋，皇后心眼坏

司马衷在母亲杨皇后和太子妃贾南风的帮助下，保住了太子的位置，可等到司马炎去世，司马衷即位成为真正的皇帝，问题就来了，毕竟当皇帝要处理国家大事，不能儿戏。

有一年闹饥荒，地方官员上报说已经有不少老百姓因为吃不上饭饿死，请求朝廷赶紧救灾。司马衷听说这样的消息，非但不着急，反而困惑地问身边的人："那些老百姓没有饭吃，为什么不喝肉粥呢？"身边的人听到皇帝问出这样的傻问题，你看看我，我看看你，都不知道该如何回答。

一个夏天的夜晚，司马衷带着一群随从在华林园闲逛消暑。池塘里的蛤蟆"呱呱呱"地叫得正欢，司马衷听到这吵闹的蛤蟆叫，感到很奇怪，回头问随从："你们说这些蛤蟆是在为谁而叫？是为官叫，还是为私叫？"这可真是个让人摸不着头脑的怪问题。一个机灵的随从赶忙上前说："陛下，小人以为这蛤蟆呀，在官家叫就是官家的，如果在私家叫就是私人的。"司马衷对这个回答很满意，笑着继续逛他的园子。

在历史上，司马衷一般被评价为"非常愚蠢"或"白痴"，但也许未必如此，他从小生长在深宫，不了解百姓的日常疾苦是很有可能的。但他恐怕也确实不够聪明能干，就像那些大臣对司马炎说的一样，他的能力不够担当治理国家的重任。

司马衷的妻子贾南风却是个聪明人，她是一个嫉妒心和野心都很大的"黑心皇后"。贾南风出身于世家大族，父亲贾充（就是当年唆使手下杀死小皇帝曹髦的那个人）是大官，因此她才能够嫁入皇室，成为太子妃，之后又当上皇后。

贾南风自己不能生孩子，为了保证自己在后宫的地位，她也不让其他妃嫔生下皇子，许多妃嫔和胎儿惨遭她的毒手。她还诬陷太子谋反，这位太子是司马衷唯一的儿子，曾经深得祖父司马炎的喜爱，结果却被贾南风设计谋害，先是被废，之后又被毒死。

被抢来抢去的傀儡皇帝

司马衷刚即位的时候，皇太后杨氏的父亲独揽大权。贾南风对此非常不满，她也想要掌握朝政大权，于是联合诸侯王发动政变，抢夺权力。

起初司马炎称帝，建立晋朝，他认为曹魏之所以这么容易就败给司马氏，是因为曹家的皇帝太孤立，没有分封同姓诸侯王，兄弟之间又骨肉相残。为了让司马家的皇位更稳固长久，西晋建立的当年，司马炎就分封祖父司马懿以下的司马家子弟，一口气封了27个诸侯王。

最初，诸侯王虽然名义上有封地，但都留在都城洛阳居住，也没有自己的军队。后来渐渐的，出于现实需要，有些诸侯王被派到军事重镇去带兵。这些诸侯王镇守一方，手握重兵，野心也就大了起来，不满足于只当一个诸侯王。

为了争夺权力，贾南风与楚王司马玮（wěi）合谋，发动宫廷政变。其他有野

心的诸侯王也陆续卷入斗争之中，宫廷政变演变成皇族内部的政治斗争。这场持续了16年的内乱，先后有八个诸侯王参与其中，因此在历史上被称为"八王之乱"。在这样的混乱中，司马衷沦为傀儡，被一个又一个诸侯王抢来抢去。

公元304年八月的一天，太阳火辣辣地晒着大地。荒郊野外的小路上，一队人马七零八落地艰难前行，看起来正在向着洛阳城的方向逃亡。队伍的首领正是刚刚被打败的成都王司马颖，而落魄的皇帝司马衷也在队伍中，他歪歪斜斜地坐在一匹缓慢前行的劣马上，脸上缠着绷带，衣服脏兮兮的，染着黑红色的血渍。

路过一处小树林，队伍终于停下。司马衷在随从的搀扶下从马上下来，被安顿到树荫下休息。司马衷小心翼翼地问随从："朕腹中饥饿，可否给朕找些吃的？"随从弄来了些粗米饭，盛在瓦盆里拿给司马衷吃。那个曾经问受灾饥民为何不吃肉粥的司马衷，此时竟然一口气吃掉两瓦盆粗米饭。谁能想到一国之君，有朝一日竟然落到这般田地！

两年后，八王之乱终结，这是中国历史上最为严重的皇族内乱之一。第二年，司马衷在洛阳驾崩，历史上称他为晋惠帝，他的弟弟司马炽即位，就是晋怀帝，年号改为永嘉，西晋王朝的生命也进入了倒计时。

（故事源自《晋书》）

《女史箴》与《女史箴图》

西晋惠帝时，皇后贾南风专权残暴，嫉妒心强，大臣张华写《女史箴（zhēn）》一文来劝谏皇后。"女史"是宫廷里的女官，"箴"是规劝的意思。《女史箴》里面提到数位古代贤良妃子的事迹，张华希望皇后及后宫妃嫔能学习她们善良、贤淑，成为优秀的后宫女子。后来，东晋画家顾恺之根据张华的文章，创作了《女史箴图》长卷，用12个场景来描绘文章的内容，是已知现存最早的中国画长卷之一。现存《女史箴图》长卷有两幅：一幅为唐代摹本，原本收藏在清宫，八国联军侵华时被英军劫走，如今收藏在大英博物馆；另一幅为南宋摹本，收藏在北京故宫博物院。

你怎么看？

如果你是晋武帝司马炎，你会遵循传统把皇位传给无能的儿子，还是另外挑选能干的儿子？

北方政权的崛起

刘渊不被司马炎信任

生活在北方草原上的匈奴人与生活在中原的汉人早就有很多往来，从战国、秦汉时候起就时战时和。西汉时期，汉高祖刘邦曾经把公主嫁给匈奴的单于（chányú，匈奴的首领），并与他结为异姓兄弟。之后匈奴单于的子孙认为自己身上有汉朝皇室的血统，就以刘为姓。东汉时期，南部的匈奴归顺汉朝，汉朝的皇帝封南匈奴的部落首领当官，南匈奴的部众搬迁到长城以南居住。除匈奴外，汉朝以来，由于政治斗争、气候变冷等原因，西部、北部的鲜卑族、羯（jié）族、氐（dī）族、羌（qiāng）族等少数民族陆续向中原地区迁徙，从而与中原的汉人混住在一起。

到了三国时期，南匈奴向曹魏称臣，按照惯例，部落首领要把儿子送到都城洛阳当人质，来表示对朝廷的效忠。其中一位身材魁梧、相貌英俊的匈奴质子，就是匈奴左贤王的儿子刘渊。刘渊不仅擅长骑射，体力过人，而且饱读诗书，可以说是文武双全、见识过人。他来到洛阳后，很快就得到司马昭的赏识和厚待，也结交了不少大官，可也总有人因为他是匈奴人而对他存有戒心。

司马炎建立西晋后，心心念念地想要统一天下。但是，派谁带兵南下讨伐孙吴合适呢？朝堂上，司马炎和大臣们反复商讨这个问题。

"刘渊文武双全，是难得的人才，陛下要是能让他统领东南的事务，江南地区不愁不能平定。"大臣王济是刘渊的好友，多次在司马炎面前大力推荐刘渊。

听了王济的话，司马炎不自觉地点了点头表示赞许。司马炎也很熟悉这个匈奴质子，知道以刘渊的才能，确实很适合这项任务。

还没等司马炎发话，立刻有大臣站出来反对："陛下，刘渊的才干恐怕确实没有人能比，但他毕竟是外族人，如果给他太大的权力，那么，平定孙吴之后，恐怕他会在江南称王呀！"这位大臣说完，不少大臣都跟着劝谏司马炎不要重用刘

渊。司马炎其实心中也有顾虑，于是沉默不语，这个议题就此不了了之。

后来西北地区的鲜卑部落起兵反晋，司马炎派出去的军队被打得大败。焦急的司马炎让将军们想办法收复失地。这时，再次有人大力推荐刘渊，认为可以让他率领匈奴的军队前去平定叛乱。同样，又有人站出来以刘渊是外族人为由坚决反对，朝堂上吵得不可开交。最终，司马炎再一次放弃了任用刘渊的打算。

对于这些事情，刘渊虽然没有亲眼见到、亲耳听见，但早有人讲给他听。原本满腔热血，想要成就一番事业的他，因此变得郁郁寡欢。

刘渊建立汉赵政权

一日，刘渊的一位朋友要离开洛阳回故乡，刘渊在九曲河滨设宴为朋友送行。临别之际，刘渊泪流满面，紧紧握着朋友的手说："我知道，洛阳有很多汉人朋友真心对待我，向皇上推荐我，可也总有一些人在皇上面前说我的坏话。看来我恐怕一生都将无所作为，老死在这洛阳城了。咱们就此诀别吧！"刘渊越说越激动，举起酒杯，大口大口地喝了起来，然后仰天长啸。在座的人都受到了他的感染，禁不住流下眼泪。

碰巧的是，齐王司马攸（yōu）当时也在九曲这边办事，就派人去探察刘渊他们说了什么、做了什么。司马攸回到皇宫后，极力劝说司马炎应该尽快除掉刘渊。幸好刘渊的朋友王浑也在宫里，他赶紧向司马炎担保，说刘渊为人忠厚，绝对不会背叛晋朝。况且晋朝作为中央政府，应该包容周边的少数民族，才能赢得他们的拥护和信赖。司马炎觉得王浑说得有道理，最终没有杀刘渊。

虽然司马炎非常明智，没有听信那些敌视刘渊的人的话，但朝廷中不信任刘渊的人太多，司马炎始终也没有对刘渊委以重任，这让原本没有太多想法的刘渊也开始有所动摇了。

此外，刘渊作为匈奴左贤王的儿子，虽然在洛阳当人质，但日子还算好过，西晋的朝廷能让他吃得好住得好。但是，包括匈奴在内的内迁少数民族部落里的普通百姓，大多日子过得非常悲惨，常受欺负。地方政府经常强迫他们干各种苦活累活，甚至把他们卖给豪强大族当奴婢。因此，各少数民族人民难免心存怨恨。

到了晋惠帝时，八王之乱爆发，朝廷里司马氏骨肉相残，天下大乱。早就对西晋不满的内迁少数民族，就想借此机会摆脱西晋的统治。南匈奴部落的贵族们于是秘密商议，要拥戴刘渊当大王，自己建立一个国家。

刘渊终于想方设法离开洛阳，回到北方南匈奴的地盘。他立刻宣布脱离西晋的统治，建立自己的政权，国号为汉。后来这个政权又改国号为赵，因此历史上称其为汉赵或前赵。不久，那些像南匈奴一样受够了西晋统治的内迁少数民族，纷纷前来归附刘渊，人数达到了好几万。

刘渊建立政权后，在北方攻城略地，实力越来越强大。而西晋这边，虽然八王之乱结束，晋怀帝登基，但皇室内部的权力斗争还在继续，根本没有多余的精力去关注北方少数民族的情况。

西晋永嘉五年（311），刘渊去世后的第二年，汉赵的军队攻破洛阳城。包括

晋怀帝在内,西晋的皇族、官员、士兵和百姓总共三万多人成为俘虏,洛阳的宫殿也被焚毁,这次事件在历史上被称为"永嘉之乱"。5年后,前赵攻破长安,俘虏了西晋最后一个皇帝晋愍(mǐn)帝司马邺(yè),历时51年的西晋就此灭亡。

(故事源自《晋书》)

你怎么看?

如果你是刘渊,虽然文武双全又有远大志向,却得不到皇帝的信任和重用,你会怎么办呢?

奴隶石勒变皇帝

石勒被卖为奴隶

晋惠帝时期，在一条由山西地区通往山东地区的大路上，有一支特别的队伍在缓慢前行。这支长得看不见头尾的队伍中，每两人一组，被一个大大的木枷锁住。这些人衣衫褴褛，步履蹒跚，看样貌，许多人鼻梁高挺，眼窝很深，应该是在当时被称为"胡人"的内迁少数民族。队伍两侧，官兵骑着高头大马，手里拿着鞭子，凶巴巴地呵斥着队伍里的人，让他们快些走。

啪！一个军官的鞭子狠狠地抽在了队伍中一个年轻人的身上，年轻人惨叫了一声，同时身体下意识地往反方向躲闪。"躲什么躲！还不快走！都落下这么远了！"军官恶狠狠地说。一路上，这名军官似乎总是跟这个年轻人过不去，时不时

地就过来找他的茬儿，抽他一鞭子，骂他几句。

这个二十几岁的年轻人，高鼻深目，身材魁梧，看他臂膀上结实的肌肉和手上的老茧就能知道，这是一个骑射的好手。也难怪军官会格外"关照"他——虽然眼下这队胡人都在他们的掌控之中，但像这样年轻又英武的人物，难保什么时候就振臂一呼，引得这队人奋起反抗。

原来，当时山西地区闹饥荒，社会动荡不安，很多人都四散逃荒。当地的官府趁着混乱抓住那些穷苦无依的胡人，打算把他们卖到山东地区去，赚了钱当军费。队伍中的这名年轻人就是匈奴后裔，名叫石勒，他的父亲还是个部落小头目呢。石勒在胡人当中本来就很有威信，可是当时胡人备受欺凌，他也免不了跟大家一起被掠卖为奴。

石勒虽然被卖为奴隶，但没过多久，他的主人就发现他并非普通人，将来一定会大有作为，于是免除了他的奴隶身份。西晋爆发八王之乱，社会越来越混乱，获得自由的石勒开始组建自己的队伍，追随他的人也越来越多。石勒的领导才能和军事才能渐渐展露出来，他率领军队攻城略地，实力越来越强大。

匈奴人刘渊宣布与西晋朝廷决裂、建立自己的政权后，北方的少数民族纷纷投靠刘渊，石勒也带着他的部下归顺了刘渊。成了汉赵将军的石勒继续在沙场上征战，接连攻下了很多城市，队伍越来越壮大，他手下不仅有英勇善战的少数民族将士，也有饱读诗书的汉人谋士。

石勒当上后赵皇帝

几年之间，石勒从原本毫不起眼的胡人奴隶，逐渐成长为刘渊手下的猛将，也成了西晋朝廷的劲敌。东海王司马越亲自率领二十万大军，从洛阳出发前去讨伐石勒，却在半路上死于军中。晋军临时推举出身世家大族的太尉王衍（yǎn）当主帅。石勒轻轻松松就打败了王衍，战场上晋军惨败，尸体堆积如山。

包括王衍在内的众多西晋大官都被活捉到石勒的大帐中。石勒意气风发地坐在大帐内，对着面前狼狈不堪的西晋大官们说："各位大人，想必你们都没想到自己有一天会当我这个胡人的阶下囚吧？"

"大将军威武，我们这些只会清谈的人当然不是您的对手。"太尉王衍缩着脖子低着头，哆哆嗦嗦地说，心里盘算着要怎样才能免于一死。其他的大官也紧跟着附和，希望石勒能饶他们一命。

只有襄阳王司马范挺直了身子，脸上毫无畏惧之色，带着怒火呵斥道："事到如今，还有什么好说的！要杀要剐随你便！"

"好一个襄阳王！有骨气。来人，留下太尉和襄阳王，把剩下的这些个窝囊官儿都拖出去砍了！"石勒命令道。

大帐外的士兵把那些面如土灰的大官们一个个拖走了。而王衍和司马范，一个脸上挂着困惑又暗自欣喜的复杂表情，一个却是满脸的愤怒，两人被押送回临时关押他们的小破房子。王衍满心欢喜，以为自己终于捡回了一条命，谁知当天夜里，士兵推倒破房子的土墙，把他和司马范都压死了。原来石勒并不打算饶过他们，只是看重王衍的威望和司马范临危不惧的气魄，想要给他们留个全尸而已。

不久后，石勒率领精锐部队，与另外两支汉赵部队攻破洛阳城。西晋王朝走入穷途末路，而汉赵政权在刘渊去世后，也陷入皇族内部争权夺利的内斗之中。石勒则继续在中原地区扫平割据势力，扩张自己的势力范围。几年后，石勒与

汉赵政权决裂，自立为赵王，建立后赵政权。在把刘氏的汉赵消灭后，石勒改称"大赵天王"，后来干脆正式称帝。后赵全盛时期，除辽东和河西走廊外，基本上统一了中原地区，一度称霸北方。

西晋末年，中原地区的大乱，一方面是受到八王之乱的影响，另一方面是长久积累下来的内迁少数民族与西晋政府之间的矛盾集中爆发。胡人石勒曾经被卖为奴隶，他和他的同胞们受尽了欺凌，因此他在率领军队反晋的过程中，出于民族仇恨，杀了数以万计的西晋将士、王公贵族和大官。

不识字也能有见识

石勒虽然不识字，但却很聪明而有见识，行军在外时经常让书生给他讲历史故事，明白了很多治国的道理。他当上赵王后，知道胡人与汉人间的矛盾需要调和，不能一味地杀戮（lù）。他定下法律，严禁称内迁少数民族为"胡人"，改称"国人"；同时也不许胡人欺辱汉人。后赵的朝廷里有许多汉人当大官，居于百官之首的张宾就是汉人，一直以来他都是石勒身边最重要的谋士。

汉人樊坦向来清贫，石勒给他升官，按照惯例，樊坦就职前要进宫面圣辞别。樊坦入宫时所穿的衣服破破烂烂，石勒见了大吃一惊："樊大人，你怎么穷成这样？"

樊坦是个实在人，也没多想就直接回答说："前日遇到胡人抢劫，把我的衣服财物抢了个干净。"

石勒闻言哈哈大笑："胡人竟然这么嚣张！我来赔偿你的所有损失。"

樊坦突然意识到自己犯了大忌，吓得赶紧跪地磕头："臣一时失言，请陛下恕罪！"

看到樊坦吓成这个样子，石勒赶紧上前扶他起身："朕的法令是给那些俗人定的，不关你们这些老书生的事儿，朕还指望着你们帮我治理国家呢。"于是赏赐给樊坦许多车马、衣服和钱财。

除此之外，出身底层、对老百姓的穷苦深有感受的石勒还采取了许多措施发展经济、安定社会。他减轻租税，鼓励耕种，为了节约粮食，甚至一反匈奴人爱

喝酒的习俗，发布命令严禁酿酒。他还重视教育，建立许多大小学校，让年轻人读书学习。

可是，后赵的安稳没持续多久，在石勒去世后，他的侄子石虎发动政变，把石勒的子孙全部杀死，自称"大赵天王"。石虎为人十分残暴，杀人如麻，荒淫无度。石虎死后，他的儿子为了争夺皇位又互相残杀，中原地区再度陷入大混乱之中。

从刘渊在中原建立汉赵开始，直到北魏统一北方，这中间有一百多年的时间。当时中国的南方是东晋政权，北方和西南地区，包括汉赵、后赵等在内，先后出现了二十多个政权，大部分是由内迁少数民族建立，其中实力最强的有十六个国家，因此在历史上被称为十六国时期。这段时期，最开始是内迁少数民族挑

名言名句 大丈夫行事当磊磊落落，如日月皎然，终不能如曹孟德、司马仲达父子，欺他孤儿寡妇，狐媚以取天下也。（〔十六国〕石勒）

33

起反晋战争, 西晋灭亡后诸国继续混战不休, 中原地区的经济和社会遭到严重破坏, 百姓颠沛流离, 是中国历史上最混乱和黑暗的时代之一。

（故事源自《晋书》）

讲述十六国历史的史书

《十六国春秋》是北魏史学家崔鸿编写的记载十六国时期（304—439）历史的纪传体史书。西晋灭亡后, 中原地区先后出现了许多政权, 这些政权各有自己的史书, 但是体例不一, 内容记述差异也很大。崔鸿根据旧的记载, 加以综合汇编, 写成了这部102卷的史书。"十六国"之称就是源自这部书。后来, 北齐时编写《魏书》和唐朝时编修《晋书》都将此书作为重要参考资料。不过这部书到北宋时已经残缺得只剩二十多卷, 司马光编修《资治通鉴》时也曾引用过这部书的内容。

你怎么看？

石勒身上的哪些优点让他从最底层的奴隶变成称霸北方的帝王？

王与马，共天下

司马睿惊险出逃

公元304年，七月盛夏，暑热难耐。在黄河边的河阳关卡，负责把守渡口的小吏汗流浃背，早就热得心烦气躁，看谁都不顺眼。不经意地，他抬起早已沉重的眼皮，发现远处有一团烟尘，朝着渡口这边快速地移动，看起来像是有人在匆匆赶路。大热天的，会是谁呢？

小吏懒懒地站起身，准备核查来人的身份——这就是他每天的工作，查验什么人可以过关，什么人不可以。烟尘转眼就来到关口，领头的一个勒住马，停了下来。

"来者何人？朝廷有令，严禁皇室贵人过关！"小吏对来人大声喝道。

"我是，是……"只见马上的人神情慌张，满头大汗，支吾了半天，居然说不出自己是谁。

小吏一下子警觉起来，接着追问："有过关的符节吗？"

还没等马上的人回答，后面又一匹马来到关前。后来的人也勒住马，抬起手中的马鞭轻轻地抽了一下先来的人的马，带着嘲讽的语气，笑着说："怎么？你这个看管房子的小官儿，难道是被当成皇亲国戚了？这关吏怎么不让你走？"

"那可不是嘛！就我这一表人才，怎么看都像是皇帝的亲戚！"先来的人先是愣了一下，然后立刻一脸坏笑地应和起来。

小吏瞟了他俩一眼，一脸厌烦地挥了挥手："快走，快走！大热天的，害得我想眯一会儿都睡不踏实！"

两人赶紧策马离开。这小吏做梦也想不到，他放走的正是一位朝廷不准出关的皇亲国戚——琅琊（lángyá）王司马睿（ruì）。此时正值八王之乱闹得最厉害的时候，西晋朝廷内部大乱，司马睿虽然只是个小诸侯王，也被卷入其中。司马睿的叔父安东王司马繇（yóu）被成都王司马颖杀害，他害怕自己也被牵连，趁着邺城（在今河北临漳西南）雷雨大作的机会，偷偷溜了出来。刚刚在这个渡口差点被扣住，幸亏他的随从反应机敏，才让他顺利过关。脱险后，他日夜兼程，到洛阳接上母亲，一刻不敢停留，赶紧回到自己的封地琅琊国。

　　当时天下混乱至极，司马氏的诸侯王们为了争权夺利，内斗不休。趁着朝中大乱，原本臣服的内迁少数民族也陆续起兵反晋，甚至建立起自己的政权。出身名门望族的王导与司马睿一向关系很好，他眼看着天下大乱，暗地里就想扶持司马睿成就一番事业。司马睿回到自己的封国，就请王导来辅佐自己。在王导的建议下，司马睿把封国的都城迁到长江以南的建邺（今江苏南京）。后来，晋愍帝司马邺登基，为了避皇帝的名讳（huì），此地改名建康。

琅琊王豪华出行

建康原来是孙吴的都城，有长江天险的保护，比较安全。司马睿和王导打算在江南站稳脚跟，保存晋朝的基业。但是，江南地区原本是孙吴的领地，孙吴在三国之中最后被西晋统一。由于被统一的时间很短，江南地区的人对于司马氏的统治还不太认可，更何况司马睿只不过是一个小小的琅琊王而已。司马睿搬迁到建康一个多月，门庭冷落，当地有名望的人一个来登门拜访的都没有。王导因此十分担心——这样的话，司马睿岂不是没办法在江南立足了吗？

转眼间到了阳春三月，江南比中原回暖更早，已经是草长莺飞，桃杏芬芳。三月初三上巳节这天，男女老少纷纷走出家门，到郊外水边踏春游玩，好不热闹。

"你们看！那边过来的是谁呀？这么大的排场！"一个路人吃惊地指着大路上的一队人马，扭过头去问身边的人。

被问的人瞪大了眼睛，顺着路人手指的方向看过去，只见大路中央一乘豪华的大轿子上，端坐着一个穿戴华贵、气魄非凡的大官，轿子后面还浩浩荡荡地跟着一大队人马。

"不认识，但肯定不是普通人。"被问的人也很好奇。

随着队伍越走越近，起初发问的路人仿佛发现了什么，激动地指着轿子后面骑在马上的人，大声说："哎呀！你们看，那边骑马跟着轿子的，不是琅琊王氏的王导和王敦兄弟吗！"

在魏晋时期，最顶级的世家大族世世代代当大官，因此全国闻名，王导和王敦就出身于当时的一流高门琅琊王氏。王导的祖父和父亲都曾经在朝廷中当过很大的官，而司马睿不过是众多诸侯王中很小的一个，因此江南地区的人不认识司马睿，反而认识王导和王敦。

让司马睿在上巳节坐着豪华的轿子出门，身后大张旗鼓地跟随着许多出身世家大族的大官，这正是聪明的王导想出来的妙计。这样一来，江南民众，包括当地有名望的人，就都知道司马睿这位诸侯王是非同一

般的大人物了。果然，一行人威风凛凛地前进，路上的行人纷纷退到路边，恭恭敬敬地向司马睿的轿子行礼。

此后，为了进一步笼络江南的人心，王导亲自登门拜访当地最有名望的大人物，邀请他们到司马睿的府上当官。王导甚至还学会了江南方言，好拉近自己与本地士族的距离。由此，司马睿在江南的地位稳固了下来。可这时中原的情况越来越糟糕，公元316年，晋愍帝在长安（今陕西西安）被俘，西晋灭亡。第二年，得到消息的司马睿称晋王，任命王导为丞相，东晋王朝的序幕由此拉开。

长江岸边忆黄河

　　八王之乱后，北方少数民族开始了混战，中原地区一刻不得安宁。北方的世家大族和普通百姓为躲避战乱，纷纷渡江南下。原本在西晋朝廷当官的世家大族，到江南后自然是继续当官，但是他们中的许多人对于江南的政权没有信心，情绪十分低落。

　　一日天气晴好，朝中无事，几位从中原逃难而来的大官邀请王导到长江边的新亭聚会。大家边喝酒边聊天，说着说着又开始难过起来。

一位大臣叹了口气，举起手中的酒杯对着亭外的长江说："这里的风景与中原一样好，可是黄河和长江终究还是不一样啊！"这番话说中了大家的心思，在座的几位国仇家恨一时间涌上心头，忍不住热泪横流。

看到他们这个样子，王导的脸色突然变得很难看，他用力地把酒杯放到桌上，生气地说："我们这些人应当合力效忠朝廷，光复山河！怎么可以哭哭啼啼，像亡国奴一样没出息！"听到这番气魄非凡的话，在座的人们纷纷擦干眼泪，向王导道歉。

不久，被俘的晋愍帝的死讯传到江南，司马睿这才正式即皇帝位，就是历史上的晋元帝。建康的皇宫之中，文武百官在朝堂上列队朝贺新帝登基。司马睿深知自己能有登上皇位的一天，王导功不可没。此时，在朝堂之上，他的心里有些忐忑不安，因此再三邀请王导跟他一起坐上龙椅，共同接受百官的朝贺。

而王导非常清楚君臣关系不能乱，坚决拒绝司马睿的邀请，说："如果本应该高高在上的太阳与天下万物处在一样的位置，那么老百姓该到哪里沐浴阳光呢？"司马睿只好作罢。

王导虽然没有应司马睿的邀请坐上龙椅，但他的开国之功是大家有目共睹的。因此当时民间流传着一句话："王与马，共天下。"意思是琅琊王氏家族与皇室司马家共同拥有东晋的天下。

（故事源自《晋书》《世说新语》）

知识卡片

"书圣"王羲之

王羲之出身于魏晋时代一流的高门望族——琅琊王氏，曾官拜右军将军，故世称"王右军"。他是中国古代最著名的书法家之一，从小就爱习书法，7岁时已经能写一手好字，经过多年的刻苦练习，他将书法艺术提高到了一个新境界。当时的人就称赞他的书法"飘若浮云，矫若惊龙"，是"古今之冠"，后人更是尊其为"书圣"。他的代表作《兰亭集序》被称为"天下第一行书"。酷爱书法的唐太宗李世民尤其喜爱王羲之的作品，亲自为《晋书·王羲之传》写评论。王羲之的儿子王献之也是大书法家，在书法史上他们父子两人并称为"二王"。

中原难守，北伐难成

两兄弟闻鸡起舞

西晋武帝末年，某个深夜，人们早已进入梦乡，只有两个年轻人还在兴奋地聊天。这两人是祖逖（tì）与刘琨（kūn），同在官府里当小官，他们年纪相当，志趣相投，自然成为好友。二人讨论国家大事，经常兴奋地卧谈到半夜三更。

"祖兄，我看这世道恐怕将要大乱。"刘琨突然坐了起来，微弱的烛光将他的影子映照在墙壁上。"恐怕又会像秦末、汉末那样豪杰并起，群雄逐鹿。到时候我们兄弟二人一定要在中原干出一番大事业！"别看祖逖才二十几岁，却是少年老成，志向远大。

不知不觉又聊到了夜深人静的时候，二人迷迷糊糊刚睡着不久，只听见远处荒野传来嘹亮的鸡鸣声。这半夜里的鸡叫吵得人睡不安稳，刘琨皱着眉头嘟囔："哪里来的野鸡乱叫，天还没亮呢，还让不让人睡觉了！"边说边把被子蒙到头上。

同样被鸡鸣声吵醒的祖逖却没有恼怒，他用脚踢了踢身边的刘琨："半夜鸡叫也不是什么坏事，这是催咱们早起呢！走，穿上衣服，练武去。"这下刘琨也睡意全无了，跟祖逖一同起床，穿戴整齐，到户外舞剑练武去了。

中流击楫回北方

没过几年，就像当年二人预见的一样，八王之乱起，北方的少数民族也纷纷起事，中原陷入混乱。都城洛阳被汉赵军队攻破，祖逖带领宗族和乡亲几百家南下避难，渡过长江，到了琅琊王司马睿的地盘。

祖逖把一众老少带到了安全的地方，自己心里却惦记着混乱的中原。他谒(yè)见司马睿，希望能劝说他支持自己北伐，收复失地。可是司马睿当时在江南还没站稳脚跟，根本没有心思谋划北伐的事，就敷衍地封了祖逖一个叫奋威将军的官，给了他一千人的粮饷和三千匹布，至于武器、士兵，都让他自己去张罗。

虽然没有得到朝廷足够的支持，祖逖这个光杆司令的北伐决心并未动摇，他率领着不过百余家的宗族亲兵，毅然渡江北上。船行到长江中央时，祖逖热血沸腾，感慨万千，他用船桨奋力地敲打船头，对天发誓说："我祖逖这次北上，如不能平定中原，收复失地，就像这江水一样有去无回！"听了他这番豪言壮语，船上的众将士都感动得热泪盈眶，纷纷表示誓死追随祖逖。

渡过长江之后，祖逖暂时驻扎在江阴，起炉冶铁，打造兵器，又陆续招募到两千多人。当时的中原地区简直乱极了，不仅有少数民族建立的反晋政权，还有大大小小许多拥兵自保的军阀。有的军阀虽然名义上还是晋朝的臣子，实际上却不听朝廷号令，也有一些干脆归顺刘渊的儿子刘聪或石勒，或者根据形势像墙头草一般两边倒。要想收复中原，就要一一打败或收服这些人，这可不是件容易的事情。

故事里的成语 闻鸡起舞：听到鸡鸣就起床舞剑，刻苦练武。形容有志者奋发努力。
中流击楫：船行河流中时敲着船桨起誓。比喻立志奋发图强。

43

祖逖并不急于求成，而是靠着自己的胆识和智慧，几次三番地打败石勒及其侄子石虎。一次，祖逖大败石虎，石虎自己逃跑了，留下部将桃豹戍守浚（jùn）仪城。桃豹守住西台，祖逖的军队也进了城，占据东台。在同一座城里，两军相持四十天，都急于想出办法战胜对方。

祖逖知道，两军对峙，拼的其实是粮草，谁的粮草更充足谁就能坚守更长时间。他想出了一条妙计：先让上千名士兵把许多装着沙土的假粮草袋运上东台，又让几个人挑着米担，假装走累了，在路旁休息，等桃豹的士兵出来抢粮时，就赶紧弃米而逃。桃豹的士兵抢到了米，又看到东台上摞得高高的"粮草袋"，误以为祖逖军中粮草充足，再一想自己一方的军粮早就所剩无几，军心就散了。这时，石勒派人用上千头毛驴给桃豹送粮草，祖逖得到消息，赶紧派人在半路把粮草截下。桃豹军中无粮，只能连夜撤军。祖逖这边则士气大振，一鼓作气，又收复了好多地方。

就这样，祖逖一步一步稳扎稳打，把黄河以南的土地差不多都收复了。石勒虽然很厉害，一度称霸北方，但他想要南下的脚步却被祖逖阻挡住了，再不敢向黄河以南出兵。石勒主动写信给祖逖讲和，请求让两边的商人通商，还斩杀了叛

投后赵的祖逖部将，以示诚意。

就在祖逖好不容易打开北方的局面，准备进一步向黄河以北推进时，东晋朝廷内部的政治斗争拖了他的后腿。当时王导的堂兄、大将军王敦专权跋扈（báhù），与晋元帝司马睿之间的矛盾越来越激烈，眼看着就要爆发内乱。司马睿还派了一个没有什么眼界的人当祖逖的顶头上司，处处刁难祖逖。郁郁寡欢的祖逖，终于一病不起。祖逖死后，王敦果然发动叛乱，搞得东晋朝廷一团糟，而祖逖辛苦多年收复的失地又陆续被后赵石勒攻占。

中原难守，北伐难成

当年与祖逖志趣相投的刘琨，在西晋末年中原陷入混乱时也"不走寻常路"。当时的人大多抢着南下躲避战乱，连祖逖都是先把家小带到南方安顿好，然后才北上抗敌。而刘琨却从未起过南下的念头，他毫不犹豫地北上到晋阳（今山西太原）赴任。经历战乱的晋阳几乎成了一座空城，百姓逃亡得所剩无几，城里城外一片荒芜。刘琨只用了不到一年的时间，就让晋阳恢复了生气，成为中原地区少数几块仍属于晋朝的领土之一。

听说祖逖北伐收复失地，刘琨对身边的人说："我每天夜里头枕着武器睡觉，随时准备与敌人开战，就怕落在祖逖后面。没想到，到底还是让他先立功了，真是惭愧呀！"刘琨虽然全力与刘渊和石勒周旋，毕竟还是势单力孤，最终被假意投靠晋朝的鲜卑段部首领害死。

祖逖的北伐事业功败垂成，刘琨的坚守也无法力挽狂澜，但是东晋朝廷中还有后来人继承他们恢复旧河山的理想，并继续为之努力。东晋成帝时期，后赵皇帝石勒逝世的消息传到建康城中，晋成帝的舅舅庾（yǔ）亮大为振奋，出兵北伐、收复中原的想法开始在他的心中酝酿。但是在朝廷会议上，也有不少大臣不支持他的计划。

"陛下，如今石勒已死，胡贼内乱，正是我们出兵的大好时机！我已派得力干将镇守江陵、邾（zhū）城等地，还调集了十万大军屯驻在石城。万事俱备，只等您一声令下！"庾亮认为自己已经布置妥当，北伐志在必得。

还没等晋成帝发话，一位老臣站出来说："陛下，虽然当下胡贼内乱，照理来说是有可乘之机，可是咱们的士兵和粮草都还不够充足，仓促出兵的话，恐怕胜算不多呀！"

"陛下，胡贼那边，虽然石勒已死，但是石虎还在啊！恐怕国舅爷并非石虎的敌手。还请您三思，谨慎行事呀！"另一位老臣也附和道。

听着两位老臣的话，庾亮的脸色渐渐难看了起来，他往前走了一步，还想再力争一下。晋成帝先开口发话了："舅舅，我觉得二位大人说得有道理。北伐之事，咱们还是从长计议吧。"

失望的庾亮奋力地甩了一下衣袖，怒气冲冲地扭头离开朝堂。原本他还想找机会再据理力争，没想到没过多久邾城就被后赵大军攻陷，庾亮非但不能再提北伐之事，反而还要向晋成帝谢罪，请求自降官职。第二年，庾亮就在懊悔中死去。之后，庾亮的弟弟庾翼也以北伐为己任，积极筹备了很久，但是直到他去世都没有等到合适的时机出兵。

（故事源自《晋书》）

知识卡片

最早的历史地图集

裴秀是魏晋时期的名臣，也是一位杰出的地图学家。在他生活的时代，先秦时期绘制的古地图已经无法看到，保存下来的汉代地图既没有比例尺，也不考证方位，非常简陋粗略。于是他就根据当时所绘测的地图，结合《禹贡》进行考证，编成了《禹贡地域图》18篇。这是中国有文献可考的最早的历史地图集。并且，裴秀在地图集的序文中提出了著名的"制图六体"，也就是绘制地图的六项技术原则，为中国传统地图的绘制奠定了理论基础。自裴秀以后，直到明朝末年，我国地图的绘制方法基本上都是依照"制图六体"。裴秀因此被称为"中国科学制图学之父"，在世界历史上与古希腊著名地图学家托勒密齐名。

桓温三次北伐不气馁

小桓温有将军相

西晋末年,由于朝政混乱和北方少数民族的南下,天下渐渐乱了起来,老百姓的日子也越来越不安稳。就在这乱世之中,桓彝(huányí)迎来了自己的长子,这小小的男婴给桓家带来难得的喜悦。无论是乱世还是盛世,对于一个家庭来说,添丁进口都是莫大的喜事。

因为是长子,桓彝迟迟没有想好要给孩子取什么名字,直到他的好友、当时的名士温峤(qiáo)来家里做客。

"桓兄,听说你新近喜获麟儿,快让乳母把小公子抱出来,让老弟也沾沾喜气。"温峤与桓彝是十分要好的朋友,因此毫不见外。

"哪里,哪里!应该说是让犬子沾沾贤弟的才气嘛。"桓彝扭头吩咐仆人赶紧唤乳母带小公子出来见客。

不消片刻,乳母抱着未满周岁的孩子出来了。只见这孩子生得十分壮实,一双眼睛炯炯有神,见到陌生人也不怕,张开臂膀就要人抱,咿咿呀呀的,声音十分洪亮。桓彝眉开眼笑地把孩子接过来,放在膝头爱抚。

温峤看着孩子如此可爱,一边伸手摸他的头,一边说:"桓兄,我看这孩子气度非凡,长大之后必能建功立业,成为一代英雄啊!"

"借贤弟吉言,那就借用贤弟的姓氏来做这孩子的名好了!从今往后,他就叫桓温啦!"此话一出,满屋子的人都纷纷喝彩,恭喜小公子得了一个好名,定能前程似锦。

长大后的桓温果然仪表非凡,他身材魁梧,眉眼有棱有角,长着一脸络腮胡子,像竖起的刺猬毛,说起话来声如洪钟,天生就是当将军的材料。他出身名门,又为人豪爽,不仅成为国舅庾翼的好友,还娶了公主为妻,成为当朝驸马。

一再北伐不气馁

庾翼与桓温早年间喝酒聊天时，就相约要一同匡济天下，有一番大作为。可惜庾氏兄弟所策划的北伐行动都胎死腹中。庾翼死后，桓温掌握了兵权，立志要继续北伐。

谋划北伐之前，桓温先向西出兵，灭掉了占据巴蜀地区的成汉政权。平蜀之战使桓温声名大振，在朝中的权力更大了。经过几年的经营，朝廷内外大权尽归桓温，再也没人能阻止他北伐。当时的北方，西边是前秦，东边是前燕，这两个政权都比较稳固，想要打败它们并不容易，但胸怀大志的桓温还是决意出兵。

公元354年，桓温率军北伐前秦。士气高昂的晋军历经数次血战，终于顺利进入关中地区，桓温一路进军到灞（bà）上，直逼长安城。面对晋军的凌厉攻势，前秦只能采取坚守的策略。

周边的百姓听说晋军终于打回来了，纷纷挑着酒坛，带着美食，前来犒劳士兵。年长的老人看到桓温，感动得老泪纵横，紧紧握住桓温的手说："几十年啦，没想到我这把老骨头今天又能见到官军回来！"桓温也感慨地向关中父老承诺，一定会打败胡人，恢复晋朝旧河山。

可是桓温不想乘胜主动进攻长安城，他迟迟不肯出兵，想要等到前秦反击时，再一举消灭敌军的主力。而前秦在初战失利后，看桓温守着灞上不动，猜到了他的打算，也按兵不动。双方相持了两个月，最终桓温因为孤军深入太久，军中粮草不足，被迫下令撤军。前秦军队趁机尾随追击，打得晋军大败，桓温的第一次北伐以失败告终。

又过了两年，原本归降东晋的羌族首领姚襄因为在朝廷中受到排挤，愤愤不

平地率部北归,围攻洛阳城。之前桓温反复请求朝廷还都洛阳,但都没有得到同意,如今正好借此机会再次出兵北伐。

桓温的大军浩浩荡荡向北进发,中途路过金城,桓温坐在马上不觉地出了神,胯下的马也放慢了脚步。

旁边的副将不知道出了什么事儿,小心翼翼地凑上前来问:"将军,如今天色还不算晚,您是想今天在这里扎营吗?"

经副将这么一问,桓温才缓过神来,举起手中的马鞭,指着路边的柳树说:"你看,那些树是我年轻时在此处任职的时候种下的,如今已经长到十围粗了。时间过得真快呀!当年的小树已经成材了,而人却还没有建功立业呢!"

桓温越说越伤感，策马走到一棵柳树前，神情落寞地拿起一枝柳条，放在手中摩挲，两行热泪从脸颊滚落下来："树木尚且如此，人又怎么能经受岁月蹉跎呢！"看着平日里铁骨铮铮的大将军睹物伤情，旁边的副将也不知该如何是好，只能悄悄地吩咐停止行军，让将士们就地休息一阵。

桓温进军到淮泗（sì），离心心念念的洛阳城越来越近。他带着随行将领登上平乘楼，举目眺望中原，他的心中五味杂陈、百感交集，不禁感慨道："都怪王衍那帮无能之辈，让神州沦陷，化为百年废墟！"

桓温将满腔的悲愤化作在战场上拼搏的动力。东晋军队与姚襄在伊水决战，桓温披甲上阵，亲自督战，指挥晋军猛攻，终于大败姚襄，收复洛阳。但是东晋朝廷在江南已经立足几十年，南迁的移民也早已在江南安定下来，绝大部分人都不想再搬迁回北方。桓温这次北伐收复的失地，没过多久又陆续丢失。

十几年后，年近六十的桓温以前燕为目标，率领步骑兵五万人马，发起第三次北伐。此时的桓温也许是感觉到自己已经步入晚年，恢复旧河山的理想依旧无法实现，因此变得心浮气躁，别人的合理建议根本听不进去。

晋军和前燕军在枋（fāng）头对峙了两个月，晋军始终不能打通输送补给的水道，最终军粮耗尽。桓温只得下令焚毁战船，退军而去。前燕军队趁机追赶，大败晋军。

晚年打起坏主意

几十年间，胸怀大志的桓温一次又一次地想要通过北伐来建功立业，成为名垂青史的人物。但是一次又一次的失败，让他开始动起了歪脑筋，不甘于默默无闻的他想要效仿西晋取代曹魏的样子，也仗着自己位高权重，来一次改朝换代。在他看来，一个人如果不能流芳百世，能遗臭万年也是值得的。

第三次北伐失败后，桓温就带兵入朝，废了当朝皇帝，拥立新皇帝，成为东晋第一个擅自废立皇帝的大臣。桓温的野心朝野上下无人不知，大家虽然不敢明着反对手握重兵的桓温，但暗地里却偷偷阻挠，一直拖延到他病逝也没让他改朝换代。

名言名句　树犹如此，人何以堪！（〔晋〕桓温）——树都这样（长这么大）了，人又哪能经受无情的岁月呢！

此后，谢安担任丞相执掌朝政，东晋的内部终于出现了难得的安定局面。而前秦在苻（fú）坚的领导下国力逐渐强大，统一北方后，开始向东晋发起攻势。桓温去世10年后，南北两个政权又开始酝酿一次新的大战。

（故事源自《晋书》）

"田园诗人"陶渊明

陶渊明是东晋末期的杰出诗人，他曾经担任过一些小官职，最后一次是当彭泽县令，只做了八十多天，就以"不为五斗米折腰"为理由辞职，从此归隐田园。归隐后的陶渊明过着种田、赏菊、饮酒、写诗的日子，成为中国第一位田园诗人，被誉为"田园诗派"之鼻祖，在文学史上是可以与屈原、李白、杜甫和苏轼比肩的伟大诗人。他的传世作品被后人编为《陶渊明集》，后人耳熟能详的《归园田居》组诗、《归去来兮辞》和《桃花源记》都是他的代表作。

你怎么看？

桓温三次北伐都没能收复中原，转而起了谋权篡位的心思，你怎么看桓温的做法？

"投鞭断流" 敌不过 "草木皆兵"

小孩儿有大志向

"喂! 你们这些调皮蛋儿, 怎么在这里玩耍? 这可是皇帝巡行的街道! 不怕官兵把你们抓起来吗?" 徐统在街上遇到一群顽童, 上前抓住领头的小孩儿的手, 严肃地说道。

"哼, 我们才不怕呢! 别以为我们小就不知道, 官兵只抓干了坏事的大人, 才不会抓玩耍的小孩子呢!" 被徐统拉住的小孩儿一点儿都不害怕, 理直气壮地回答。

徐统大笑起来, 对着身边的人说: "哈哈, 你们看, 这个孩子果然与众不同, 长大后必然大有作为!"

这个孩子名叫苻坚，氐族人，是十六国时期前秦开国君主苻健的侄子。苻坚从小就非常聪明，与众不同，深得祖父的宠爱。

苻坚8岁的时候，有一天，他跑到祖父面前说："爷爷，我想要学习，您给我请一位老师教我读书吧。"

祖父惊奇地看着小苻坚说："咱们氐族人从来只知道喝酒吃肉。没想到你这么小年纪就想要学习，将来肯定有出息！"

第二天，祖父就给苻坚请来了家庭教师，小苻坚从此刻苦学习，学识不断地增长，也立下了经世济民、统一天下的大志向。

苻坚长大后，终于成为前秦的君主。即位时，谦虚的苻坚认为自己的功业还不足以称帝，于是自降帝号为天王，称"大秦天王"。苻坚即位时，社会一片混乱，关中地区各民族冲突不断，国家政治腐败，经济凋敝，水灾旱灾经常发生，老百姓的日子苦不堪言。于是他整顿吏治，平息内乱，强化法制。在苻坚的励精图治下，前秦的国力逐渐强大，统一了黄河流域，继而进驻西域。前秦基本统一北方，便与南方的东晋形成对峙局面。以统一天下为己任的苻坚认定必须要南伐东晋，要像秦始皇一样建立统一大业。

百万大军齐南下

苻坚先派遣十七万大军进攻长江以北的军事重镇襄（xiāng）阳。前秦军队兵分四路，围攻了一年，才把襄阳攻下，并俘虏了东晋的襄阳守将朱序。襄阳城破之时，朱序本想逃回东晋，但没有成功。苻坚因为朱序能够保持气节，非常欣赏他，不仅没有追究他的逃离之罪，反而让他在前秦继续当官。

前期取得一系列胜利后，苻坚开始酝酿最后的决战。他召集群臣在朝堂集会，说："我在位二十年来，平定四方，如今全国只有东南一隅还没归我所有。只要一想到天下还没有统一，我就难过得吃不下饭。如今，我打算御驾亲征，发兵伐晋，一统天下，你们觉得怎么样？"

有人说："陛下英明神武，若亲自带兵百万，必定有征无战，晋主肯定吓得乖乖开门投降。"

听了这样的话，苻坚非常开心："你说的正是我的志向啊！"

　　"陛下，晋不能伐啊！"朝堂上突然有人激动地说："古代周武王讨伐无道的商纣王，还费了许多力气。如今晋虽然弱小，但君臣和睦，上下同心，还有谢安、桓冲等贤相良将。此时并不是讨伐的好时机呀！"

　　听到这番话，苻坚的脸色一下子沉了下来，沉默了半天，咬着牙说："那么，大家都发表一下自己的看法吧。"

　　另一个声音紧跟着说："陛下，晋有长江之险，国内又安定团结。咱们可以先发展国力，等到他们内部出现问题时再图不迟啊。"

　　苻坚的脸色更加难看了，拍案而起反驳道："武王伐纣时也是逆天而行，还不是照样成功了？我们军队将士众多，长江有什么可怕，将士们把马鞭丢进去，就能让长江断流！"

　　朝堂之上，大家争论不休，最终不欢而散。此后，前秦的许多大臣不断上书

　　投鞭断流：把马鞭全部投入江中，能把流水截断。指人马众多，力量强大。

或当面劝说苻坚，但苻坚依旧固执己见，他早已下定决心要征服江东，是不可能改变的。

公元383年，苻坚不顾大家一致反对，强征各族民众当兵，拼凑了步兵六十余万、骑兵二十七万，号称百万大军，浩浩荡荡南下。前秦的大军兵分几路，前后绵延千里，旗鼓相望，水陆并进，声势十分浩大。

前秦的三十万先遣部队由苻融指挥，这支部队顺利渡过淮河，攻下寿阳，并困住了东晋的水军。苻坚听说东晋的兵力不多，赶紧带着八千轻骑兵也赶到寿阳，想要速战速决。

以少敌多智者胜

东晋朝廷听闻前秦大军压境，赶紧组织军队抗击。谢石为主帅，谢玄为前锋，领八万精兵、五千水军应战。

起初，当苻坚帅百万之师前来时，东晋朝野震惊。丞相谢安表面上看起来毫不畏惧，冷静地任命谢石和谢玄带兵前去抵御。谢玄深知前秦兵力远多于东晋，心里没底，出发前去向谢安请教该怎么办好，谢安只说了一句："朝廷已另有安排。"过后默默不语。谢玄也只好硬着头皮带领军队奔赴战场。

东晋主帅谢石看到前秦人多势众，双方实力悬殊，原本打算采取消极防御的措施，但不承想苻坚居然派遣朱序前来劝降谢石。

朱序本来就是"身在曹营心在汉"，虽然之前迫不得已投降前秦，内心还是向着东晋的，他私下里对谢石说："如果等到苻坚的百万大军都抵达前线，就没办法抵御了。如今应该趁着他们还没有集结完毕，主动出击，如果能够打败先头部队，挫了他们的锐气，咱们就有望取胜了。"

谢石觉得朱序说得很有道理，于是决定趁前秦军队尚未全部集中，对它的前锋主动发起攻击。东晋的前锋谢玄率军在洛涧打了一场胜仗，晋军气势大涨，水陆并进，来到寿阳城外。

苻坚和苻融登上寿阳城，看到晋军队列整齐，将士精锐；再向北看，望见八公山上的草木中隐约间好像有人影。苻坚皱了皱眉头，回头对苻融说："面对我

故事里的成语　风声鹤唳：风吹声和鹤叫声。指听到风吹鹤叫，就以为敌人来袭，惊恐不安。形容惊恐万状，疑虑重重。

大秦的百万大军，晋军的士兵怎么一点都不害怕呢？你看那边山上，恐怕埋伏了不少敌军，怎么能说晋军人少、力量弱呢！"

虽然此时的苻坚已经不像最初时信心十足，但是既然已经劳师动众走到了这一步，怎么着也是要决战一场的。

前秦军队与东晋军队隔着淝（féi）水对峙，谁也不轻易动一步。谢玄派人去对苻融说："咱们两军隔水相望，这是要打持久战的架势，不是要速战速决啊。不如你们稍微后退一点，让我们晋军渡过河来，咱们再决一死战，如何？"

前秦的将领对苻融说："我们人多，他们人少，应该坚守不动，才是万全之策。"

可是苻坚和苻融却同意了晋军的要求，苻坚说："我们就稍微退后一点点，等到他们过河到一半的时候，杀他个措手不及。"

苻融于是奉命组织军队后退。可是前秦的士兵们都是被强迫征发的各族民众，他们本就不愿意出来打仗，而且大家在队伍里也搞不清楚状况，一旦开始后

退就都一门心思地往回跑。聪明的朱序此时又趁乱在阵后大喊："秦兵被打败啦！"前秦军阵脚大乱，士兵们一路狂奔，不可收拾。

谢玄赶紧引军过河猛攻。苻融慌忙骑上马，跑到军阵之中，想要阻止军队的盲目后退。可是战乱之中，苻融的马摔倒了，他也被东晋军杀掉。

谢玄等人于是乘胜追击，一直追杀到寿阳城西面三十里的青冈才收军。而前秦溃败的军队，慌乱之中拼命逃跑，听见风吹过的声音、飞鹤的鸣叫，都以为是东晋军追来了，日夜逃亡，根本不敢停下来。一路劳顿，再加上又冻又饿，前秦军死伤大半。就这样，前秦百万大军一触即溃，苻坚也中箭负伤，带领残兵逃回北方，他统一天下的目标终于没能实现。

当淝水大胜的捷报送到时，谢安正在与客人下棋。他看完便把捷报顺手放到座位上，不动声色地继续下棋。客人忍不住问他是什么事情，谢安淡淡地说："没什么大事儿，孩子们已经打败了敌人而已。"下完棋，客人告辞以后，谢安进门的时候过门槛，心中十分喜悦，把木屐底上的屐齿碰断了都没发觉。

淝水之战是中国古代一次以少胜多的著名战役。淝水之战后，前秦统一南北的希望彻底破灭，很快土崩瓦解，北方再度陷入分裂和混战。同时，东晋王朝的统治得到了稳固，为江南地区社会经济的恢复和发展提供了契机。

（故事源自《晋书》《资治通鉴》）

知识卡片

敦煌莫高窟

莫高窟俗称千佛洞，坐落在河西走廊西端的敦煌，是中国四大石窟之一，也是联合国教科文组织评选的世界文化遗产之一，是世界上现存规模最大、内容最丰富的佛教艺术胜地。根据史料记载，前秦苻坚时期，僧人乐僔（zǔn）路经此山，忽然看到山上金光闪闪，如现万佛，于是便在岩壁上开凿了第一个洞窟。此后法良禅师又继续在此凿洞修禅，称为"漠高窟"，"漠高"意为"沙漠的高处"。后世因"漠"与"莫"通用，便改称为"莫高窟"。此后，北朝时期佛教兴盛，莫高窟的开凿得到王公贵族们的支持，发展很快。隋唐时期，丝绸之路繁荣，莫高窟更加兴盛。元代以后停止开凿新窟，莫高窟逐渐荒废。1900年，在莫高窟发现了震惊世界的藏经洞，洞中保存着数万件珍贵的文物。不幸的是当时晚清国力衰弱，政府腐败无能，根本无力保护，藏经洞中的文物大部分流失海外，仅有少部分保存在国内。

刘寄奴复晋又亡晋

生活窘迫卖草鞋

　　长江下游的军事重镇京口是东晋的地盘，京口城中的市集上，一名青年男子穿着寒酸的衣服蹲在路旁卖草鞋。虽然市集上来来往往的人很多，但他的生意却很冷清，偶尔有人停下来看看他的鞋，十之八九随口问一句价钱，也就放下手中的鞋离开了。谁也不会听见，男子的肚子早就在"咕咕"地抗议了，如果今天他再不多卖出几双鞋，恐怕又得饿着肚子睡觉啦。

　　正在男子愁眉不展的时候，一个小军官模样的人带着几名官兵朝他的摊位走来。男子还没等收摊逃跑，早已被堵住了去路。

"刘寄奴，好久不见啊！这阵子你躲到哪里去了？让我找得好辛苦！"小军官挡在男子面前阴阳怪气地说。

"哎哟，刁大人，我哪里躲着您啦？我不就是待在家里打草鞋，想着赶紧多卖点钱，把欠您的三万钱还上嘛。"刘寄奴弓着腰往后退了半步，也不敢抬眼看对方，毫无底气地回答道。

"亏你还记得欠着我钱呐！我可是听说你又跑去赌博了。我看呀，指望着你自己能把钱还上恐怕没戏了。来，把这家伙给我带走！"军官刁逵（kuí）一脚踢乱了鞋摊，身边的官兵上前把刘寄奴抓了起来。

愿赌服输，欠债还钱，刘寄奴也知道如今被抓并不冤，只能乖乖地跟着小军官走了。不过他今天运气很好，刚被押着走了不远，就遇到了熟人王谧（mì）。王谧出身琅琊王氏，是东晋初年丞相王导的孙子，如今跟刁逵在同一处当官。王谧拦下他们，问："刁兄，这刘寄奴犯了什么事儿？为何要抓他呀？"

"王兄，他欠了我三万社钱（乡里为祭土地积攒的经费），到现在还不还，我抓他回去干苦役抵债。"面对同僚，刁逵的态度好多了。

"哎呀，我当是什么大事儿呢。不就是三万钱么，我替他还。刁兄高抬贵手，把他放了吧，晚些时候我就差人把钱送过去。"王谧说着就走上前，从官兵手里把刘寄奴拽了出来。

刁逵斜着眼看了一眼刘寄奴，十分不爽地说："刘寄奴，今天算你运气好，遇到王兄肯帮你还钱。下次再犯，有你好看！"说罢转头带着官兵离开了。

看着他们走远了，刘寄奴松了一口气，拉着王谧感激地说："王兄，今天要不是遇到你，我可真要完蛋了！"

"寄奴，可别这么说。别看你现在落魄，将来肯定会成为一代英雄的！我王谧看人肯定错不了。走，咱们找个地方喝酒去。"王谧笑着朝附近的一家酒馆走去，刘寄奴赶紧跟了上去。

咸鱼翻身当大官

这刘寄奴大名叫刘裕，祖上也曾在西晋的朝廷当官，后来世道乱了，就逃过长江来，定居在京口。到了刘裕这一辈，已经是一介平民，他斗大的字不识几个，只能靠种地、卖鞋度日。虽说如此，但刘裕生得高大魁梧，气度不凡，从小就胸怀大志，总想着要有一番作为。

京口驻有东晋很重要的一支军队，叫北府兵，出身低微又没什么文化的刘裕只能走参军这条路。东晋安帝时期，道教头领孙恩在会稽起兵反晋，东南八郡纷纷响应，朝野震惊，朝廷赶忙派大将刘牢之率北府兵前往镇压。此时刘裕是刘牢之部下的一名小军官。

一次，刘牢之让刘裕带着几十个人去查看敌方的位置。不巧，刘裕半路上就遇到了好几千敌军。在敌我悬殊的形势下，刘裕毫不畏惧，挥舞长刀与敌人死战。就在身边的手下死伤大半的危急时刻，前来接应的后援部队抵达，敌军溃败。刘裕在战斗中展现出的过人胆识，深得刘牢之的赞赏。此后，北府兵与孙恩的人马又多次对战，刘裕常常身先士卒，冲锋在前，最终孙恩被逼得逃到海上。刘裕率领水军继续追击，直到迫使孙恩投海而死。

在镇压孙恩起义的过程中，刘裕屡立战功，地位提升，但晋军的兵力消耗很大，京城建康的防备也变得空虚。盘踞在长江上游的将军桓玄——也就是那位

权倾朝野、废立皇帝的桓温的儿子——萌生了谋权篡位的野心，他发起了叛乱，率领大军顺流而下直逼建康。被朝廷派去抵抗桓玄的刘牢之，竟然向桓玄投降。桓玄攻入建康后，把持了东晋的朝政大权。

桓玄并不信任刘牢之，于是剥夺了他的兵权，派他去当地方官，感到自己前途无望的刘牢之自杀了。而对于刘裕这些北府兵的旧将，桓玄采取的则是拉拢策略，继续委以重任。桓玄的野心远不止把持朝政，他想废掉晋安帝，自己当皇帝。篡位前，他曾经征询刘裕的意见，迫于形势，刘裕当他的面只能说改朝换代是众望所归。

就在桓玄称帝的第二年，北府兵的旧将们推选刘裕为盟主，举兵反对桓玄。刘裕率军一路打进建康城，桓玄弃城西逃。刘裕进城后，派兵追击桓玄，同时安排晋安帝复位，他由此成为匡复晋室的大功臣，执掌了朝政大权。

成功逆袭坐龙床

东晋自建立以来，很多将领都曾北伐，但无一成功。此时，趁着东晋衰乱，北方的南燕皇帝慕容超派兵侵入东晋边境，刘裕于是决定出兵北伐南燕。刘裕一路进军到山东境内，把慕容超围困在广顾城内。慕容超没有办法，只好派人向西边的后秦政权求救。

后秦皇帝姚兴收到慕容超的请求后，派了一名使臣到刘裕军中，威胁刘裕说："我们这就派遣铁骑十万屯驻洛阳，如果你们还不退兵的话，我军就长驱直入。"

身经百战的刘裕怎么会被这样的威胁吓住呢？他面带微笑，从容不迫地对后秦的使臣说："你回去就跟姚兴说，我本来计划平定慕容超后，休整三年，再去平定关中、洛阳。如今你们要是自己想来送死，就赶紧来吧！"后秦的使臣听了这话，气得吹胡子瞪眼，怒气冲冲地离开了。

刘裕的军师刘穆之听说姚兴派了使臣前来，一路小跑赶到刘裕的军帐，可他到的时候使臣早已离开了。刘裕就把刚才双方的对话给他讲了一遍，刘穆之听完一脸担忧："大人，平时您事无巨细都要跟我商议，如今遇到这么大的事情，怎么能如此草率？您的那番话，不是刚好激怒了姚兴吗？"

　　刘裕仰天大笑："这是军机，军师不懂，所以才不找你商量啊。战场上兵贵神速，姚兴要是真想救慕容超，早就派兵赶来了，还费什么劲儿派个人先来告诉我一声啊！他就是虚张声势而已。"

　　听了刘裕的解释，刘穆之佩服得连连点头称是。刘裕不仅在战场上勇猛无畏，而且十分有谋略。慕容超果然等不到后秦的救兵，被刘裕彻底击溃，南燕灭亡。

　　就在刘裕忙着在北方打南燕的时候，孙恩的残余势力在其妹夫卢循的带领下再次起兵造反，十多万大军眼看着就要打到建康城了，东晋再一次面临亡国的危险，刘裕匆忙南返抵抗。敌我力量悬殊，朝中许多大臣建议带着皇帝逃到北边避敌。刘裕却坚决反对，他组织兵众修治石头城（建康城西边的军事重地），决意死战到底。果然如刘裕所料，卢循是个瞻前顾后、缺乏决断的人，他不肯一鼓作气攻入建康，反而寄希望于东晋发生内乱。刘裕抓紧时间进行周密的部署，最

名言名句　斜阳草树，寻常巷陌，人道寄奴曾住。想当年，金戈铁马，气吞万里如虎。（〔宋〕辛弃疾《永遇乐·京口北固亭怀古》）

终一举将敌军击溃，无处可逃的卢循也像孙恩一样投水自尽了。

　　再一次挽救东晋的刘裕加官晋爵，他继续建功立业，西征灭掉谯（qiáo）蜀政权，第二次北伐灭掉后秦，甚至一度收复了长安。军功显赫的刘裕也和当年的桓玄一样，开始不满足于只当个大权在握的大臣。刘裕回到江南后，先受封为宋公，又进爵为宋王，继而代晋称帝，改国号为"宋"，史称南朝宋或刘宋，刘裕史称宋武帝，延续了103年的东晋就此灭亡。

（故事源自《宋书》）

酷爱旅行的诗人

　　谢灵运出身于魏晋一流高门陈郡谢氏，是东晋名将谢玄的孙子，也是中国历史上著名的诗人、旅行家。谢灵运从小爱读书，博学多识，其诗文在当时被誉为"江左第一"，"天下才有一石，曹子建（曹植）独占八斗，我得一斗，天下共分一斗"就是他的名言。但是他处于东晋和刘宋交替之时，刘宋建立后，他在官场上受到排挤，不能得志，于是把时间花在游山玩水上。他经常到人迹罕至的深山老林里探险，为了登山方便，发明了一种前后齿可拆卸的木屐——"谢公屐"。同时，他创作了许多描写山水的诗歌，被称为"山水诗派"之鼻祖。

你怎么看？

　刘裕出身卑微，识字不多又好赌博，你觉得是什么让他后来能成就帝业？

拓跋家族强势复兴

拓跋珪逆境崛起，建立北魏

寒冬腊月，冷风刺骨，厚厚的积雪覆盖着阴山，为了躲避前秦天王苻坚的大军，鲜卑拓跋部一路逃到这里，他们正被另一种悲哀深深地笼罩着。代王拓跋什翼犍（jiàn）好不容易带领残余的国人来到这个避难地，终于心力交瘁，重病不起。

拓跋部的族人们悲痛欲绝地聚集在什翼犍的帐篷里，男子们都愤恨地咬牙切齿，女子们都默默地垂泪。人群中的一名小男孩看着这一切，眼神中燃起了熊熊怒火，他就是拓跋珪（guī），是什翼犍的孙子和继承人，只有6岁的他面对的是

祖父离世和国家灭亡的双重打击。

小拓跋珪不知道的是，在遥远的长安城，前秦皇宫里，有两个人正在讨论他的未来。

"哈哈，朕早就说你们小小的代国迟早会是我大秦的囊中之物。听说什翼犍那老家伙已经死了，留下一个小孙子，让他们把那孩子送到长安来吧。"苻坚一脸得意地对代国旧臣燕凤说。

"陛下，代王刚刚去世，部落内部分崩离析，王孙幼小无人辅佐，身边只有两个互相仇恨的部落大臣。不如让代王孙留在部落里，等他长大后成为首领，到时他一定会感念陛下的恩情，也方便大秦号令拓跋部，使其为我所用。"燕凤自从上次作为使臣来到前秦，就被扣留在这里不能回去，但是他的心里始终装着自己的部族。

"嗯，你说得有道理。那就让那孩子留在部落里吧。"志得意满的苻坚此时万万料想不到，多年后，这个孩子将会复兴代国。

几年之后，苻坚的百万大军在淝水之战中被东晋打败，之后前秦国内大乱，先前被前秦灭掉的各部落政权纷纷起兵反秦复国，拓跋珪也在部族的拥戴下重建代国。趁着中原再次陷入分裂，拓跋珪率领部众投入到混战当中，陆续打败了许多强大的对手，吞并了不少异族部落，实力大增。在打败鲜卑慕容氏的后燕政权后，拓跋部称雄华北，拓跋珪于是迁都平城（今山西大同），公元386年，他登基称帝，建国号为"代"，后改为"魏"，史称北魏。

拓跋嗣力排众议，大败刘宋

公元422年，南朝宋武帝刘裕去世，南方政局未稳之时，北方平城的朝廷中正在激烈地争论着。

"无能！居然连个滑台城都打不下来！非要让朕御驾亲征吗？"皇帝拓跋嗣（sì）龙颜大怒，吓得满朝文武都不敢吭声。拓跋珪去世后，拓跋嗣继承皇位，继续开疆拓土。前几年北魏大败柔然，将势力范围拓展到河南地区，拓跋嗣一直盼着南征的好机会。

"陛下息怒，此次失败纯属偶然，可以让军队休整一下再继续围攻。至于御驾亲征，老臣认为倒是不必。"一位德高望重的大臣壮着胆子说。

"陛下，臣之前就说，趁着南方大丧之时南伐，不合道义。不如再等一阵子，听说刘裕的儿子是个只知道玩乐的少年郎，南方一定会起内乱。到时候咱们再派兵南下，可以不费吹灰之力地收复淮北之地。"大臣崔浩挺直了胸膛，声如洪钟地说道。

怒气未消的拓跋嗣听到崔浩的话更加生气："崔大人难道忘了吗？当年刘裕就是趁着姚兴死的时候灭了他的国！我现在趁着刘裕刚死，去讨伐他们，有什么不行？"

看到皇帝这么生气，崔浩一点儿都不害怕，继续据理力争："陛下！就像我之前说过的，当年姚兴死后，他的两个儿子争权夺利，搞得国家大乱，刘裕这才趁机去讨伐。"

此时的拓跋嗣一心想着南征，根本听不进劝阻，朝中其他文臣武将也都不敢提反对意见。

拓跋嗣调兵遣将，组织起大军浩浩荡荡地奔赴前线，一路渡过黄河。刘宋的守将有的弃城逃走，有的率部来降。第二年的春天，拓跋嗣攻克黄河南岸的虎牢关，夺取三百多里领土后得胜回朝。这是南北朝时期第一次南北大战，以北魏的大胜告终。

拓跋焘智取统万，一统北方

拓跋嗣英年早逝，年仅16岁的拓跋焘（tāo）即位，他就是历史上有名的北魏太武帝。拓跋焘从小就与常人不同，他刚出生的时候，身强体壮，哭声洪亮，祖父拓跋珪见了，十分高兴地说："将来能完成我事业的，必定是这个孩子啊！"

长大后的拓跋焘果然不负祖父所望，有勇有谋，胸怀统一天下的大志，继续推进祖父和父亲未完成的事业。公元425年，北魏西边大夏国的国王赫连勃勃病死，他的儿子赫连昌继位，皇室中几个兄弟互相攻击，搞得关中大乱。拓跋焘看准了这个好时机准备西伐，但朝中仍有不少大臣反对。

"陛下，赫连勃勃虽然已死，但是赫连昌还有数万兵马，其国都统万城据说坚不可摧，不可轻易西伐！"一位颤颤巍巍的老臣说。

当年曾经反对拓跋嗣南征的崔浩，此时却极力支持拓跋焘西伐："陛下，臣夜观天象，见五星并出东方，正是西伐的好时机。天时地利人和，机不可失，时不再来啊！"

十月，拓跋焘亲自率领一万八千名轻骑兵奔袭统万城。大军来到黄河渡口时，突然气温骤降，原本还未结冰的河水一夜间全部冻结，北魏军队得以轻松渡河。冬至日，拓跋焘的军队已经抵达统万城附近，当天赫连昌正在皇宫里大宴群臣，突然得到北魏军队抵达的消息，只能仓促组织士兵应战。拓跋焘打了对手一个措手不及，抢了十多万牲畜、上万户的人口，班师回朝。

第二年，拓跋焘再次亲率三万骑兵西伐赫连昌。北魏大军把赫连昌困在统万城中，赫连昌坚守不出。大夏国的都城统万城是当年赫连勃勃所建，城墙将近20米高，用蒸土做的墙面坚如铁石，花了6年的时间才修好。当年赫连勃勃雄心万丈，想要统一天下，因此给都城取名为统万城。拓跋焘想要攻破这样一座坚固的城池，可不容易。

一名伤痕累累的北魏士兵混在老百姓中，一瘸一拐地逃入统万城。大夏的兵士将他抓到赫连昌的宫中，赫连昌亲自审问，想要得到一些有用的情报："你！为何混入我城中？是来刺探情报的吗？"

　　"大王饶命，小的不敢！小的犯了军法，逃出来只求活命。"士兵惊慌失措地连连叩头，看起来是吓坏了。

　　"嗯，那你说说现在魏军的情况，本王饶你一死。"赫连昌感觉这士兵不像在撒谎，也就放松了警惕。

　　"大王，魏军如今已经断粮了，听长官说，军粮还要好几日才能送到呢，大家都饿得受不了。我就是因为偷了长官的吃食，才受罚的。"士兵可怜巴巴地说，看起来说的都是实情。

　　赫连昌轻信了士兵的话，完全没有料到这是拓跋焘设下的计策，于是组织起三万大军，气势汹汹地杀出城来。城外的北魏士兵不太多，两军刚一交战，北魏的军队就开始撤退。赫连昌还开心地以为自己能够轻松退敌，示意士兵追击。

北魏军队正要按计划掉转头反攻，突然天色大变，东南方向刮来大风，扬起的沙尘遮天蔽日，还夹杂着雨点。北魏军中有人心慌了，认为自己正面对风雨袭来的方向，这是老天爷在帮助赫连昌，应该尽快撤退躲避。崔浩见状当即怒斥，说两军交战的关键时刻，不能因为天气突变就轻易放弃。拓跋焘当然也不肯放弃，他身先士卒，继续奋战，就算被箭射伤了手，仍然杀敌不止。最终，北魏军大获全胜，攻克统万城，俘虏了赫连昌。

太武帝拓跋焘东征西战，不仅灭掉大夏，还灭掉北燕、北凉等政权，统一了中国的北方，最后只剩下刘宋与北魏南北对峙。拓跋焘要实现统一天下的理想，下一步就是南伐刘宋了。

（故事源自《魏书》）

知识卡片

拓跋部的发祥地

嘎仙洞位于今内蒙古自治区呼伦贝尔市鄂伦春自治旗阿里河镇西北10公里的大兴安岭山谷之中，洞口在半山腰的花岗岩峭壁上，距离地面25米，是一个天然的大型山洞。1980年，考古工作者在洞中的石壁上发现了北魏皇帝祭祖时镌刻的祝文。除石刻祝文外，嘎仙洞遗址还出土了陶器、石器、骨器、木器、铜器、铁器、玉器等文物。史书记载，鲜卑拓跋部在大兴安岭深山中有一座大石庙，北魏太武帝拓跋焘曾派人前往祭祀祖先，并在洞壁上刻下祝文。嘎仙洞的石刻祝文证明，这里就是史书中提到的鲜卑拓跋部"石室"祖庙，而嘎仙洞所在的地区正是鲜卑拓跋部的发祥地之一。

你怎么看？

为什么崔浩一开始劝阻拓跋嗣南伐，后来却支持拓跋焘西伐呢？

一个要"封狼居胥"，另一个要"饮马长江"

河南到底属谁家

盛夏时节，北魏都城平城的皇宫中，一位从南朝远道而来的使臣正与太武帝拓跋焘会面。拓跋焘眼睛盯着使臣刚才递交上来的信件，他越读越生气，两只手不自觉地哆嗦起来，眉头也越皱越紧。读完来信，他抬眼打量了一番站在朝堂上的使臣，只见此人身材魁梧，一脸英气，一看就是军人出身。

"荒唐至极！"拓跋焘终于忍耐不住，把手中的信丢了下去，愤怒地说，"你们的主子说河南原本是宋国领土，后来被我们大魏侵占，简直就是一派胡言！自打朕从娘胎里出来，头发上的羊水还没有干的时候，就知道河南是我拓跋家的！"

那使臣果然胆识非凡，面对大发雷霆的北魏皇帝依旧面不改色："河南自武帝（指刘裕）时起就是我大宋的领土。武帝驾崩之时，你们趁人之危，给强占了去。如今我大宋国富民强，这就派大军前来收复失地！"

"来就来吧！别以为我们会怕你们。就算你们能一时侵占我河南之地，等到冬天黄河结冰，朕的大军立刻就会把地盘抢回来！"拓跋焘咬牙切齿地说。

这场不愉快的会面发生在公元430年，正是南朝宋元嘉七年。当年趁着宋武帝刘裕去世之时，北魏明元帝拓跋嗣大举南伐，夺取了黄河以南的虎牢、洛阳、滑台等多处军事重镇。对此，宋文帝刘义隆一直耿耿于怀，从即位以来就立志要收复失地。

不死心的宋文帝

时间过去了7年，这期间南朝政局稳定，经济发展，国力大大增强。刘义隆认为已经做足了准备，于是任命将军到彦之为主将，率领数万大军开始北伐，同时派遣使臣给拓跋焘送去消息。

宋军起初进展顺利，相继攻占滑台、虎牢和洛阳。但当冬天来临，天气变冷，战场上的形势就开始扭转，魏军陆续将失掉的军镇夺回。宋军主帅到彦之被围困在滑台，城中粮食就快要吃光了。眼看着天气越来越寒冷，黄河就要完全封冻，宋军士兵病的病、逃的逃，惊慌焦虑的到彦之眼病复发，只好下令撤退。刘义隆

收到到彦之的战报，被气了个半死。此次北伐已经彻底失败，刘义隆只能再派一支军队去接应到彦之，让北伐残军安全撤回。

刘义隆与拓跋焘之间的第一次较量，以刘义隆主动出击却完全失败而告终，但对方也没能跨过长江一统天下。20年之后，南北双方都感觉到再一次面对面较量的时机成熟了。公元450年早春，拓跋焘率领大军，御驾亲征黄河以南的军事要地悬瓠(hù)城。镇守悬瓠城的宋军将士奋力抵抗，刘义隆得到消息后赶快派军前去救援。拓跋焘见无法攻克悬瓠城，只好下令退兵。被拓跋焘这么一刺激，刘义隆的北伐热情也再次燃烧起来。

建康城的皇宫中，刘义隆正与几名亲信的将领紧锣密鼓地商议再次北伐之事。武将王玄谟(mó)正在发表自己的看法："陛下，我认为不能拿下虎牢、滑台，不是因为我军缺乏良将，而是因为调集参加北伐的士兵，被派往离家太远的地方，恐怕军心不稳。我觉得，可以在长江以北征召士兵参与北伐，这样就算打到洛阳，士兵们离自己的家乡也不算远，军心不会动摇，一定能克敌制胜。"

刘义隆胸中热血沸腾，脸上露出了笑容："嗯，王将军说得很有道理。听你这么一说，朕真想要像霍去病那样，一路打入敌人的老巢，封狼居胥山！"

经过几个月的准备，这年夏天，刘义隆正式发动第二次北伐。这一次宋军兵分四路，由王玄谟担任前锋，前去围攻滑台。

隔江对峙的宿敌

拓跋焘得到宋军伐魏的消息，立刻准备反击。出征之时，拓跋焘登上城头，面向城下集结的几十万大军，激情澎湃地高声说道："这次出征，我们不但要抢回属于我们的地盘，还要一路打过江去！让我们的战马喝上长江的水！"

士气高涨的北魏士兵整齐地举起手中的武器，高喊出征口号。各军的战鼓同时擂动，响声震天动地。随后，北魏对外号称百万，实际也足有几十万的大军，浩浩荡荡地向南进发。

王玄谟虽然面对皇帝时话说得漂亮，实际上却没什么能力，他作为北伐前锋围攻滑台，围了很久都打不下来。他还不懂得善待手下的士兵，搞得大家怨声载道。一直耗到了北魏的援军抵达，拓跋焘派遣猛将突入重围，安抚滑台守军，随后一举击溃围城的宋军。王玄谟狼狈逃亡，胳膊也被箭射伤了，好不容易才保住一条命。

北魏大军在拓跋焘的指挥下长驱直入，一路南下。除了几座特别坚固的城池外，凡是北魏军队所经过的城镇，宋军几乎都是望风而逃，投降北魏的人更是不可胜数。当年十二月，拓跋焘已经抵达长江北岸，在瓜步山驻扎下来，江对面就是建康城。

刘义隆登上石头城，远远地望见拓跋焘在瓜步山顶架起的军帐，又看到北魏士兵们正热火朝天地砍伐芦苇，建造木筏。"如果大将檀(tán)道济还健在，怎么会让敌军打到这里来！事到如今，可如何是好？"刘义隆懊悔地长叹，心中慌乱得没了主意。

"陛下，如今恐怕只能往南退一退，躲避敌人的兵锋。"一位老臣哆哆嗦嗦地说。

"陛下，我听说北方士兵不习惯南方的气候和水土，魏军营中正在闹疫病。而且魏军不懂水战，他们如今建造木筏，不过是虚张声势而已，肯定不会打过江来的。"另一位大臣沉着冷静地说。

"哦？那在你看来，现在应该怎么办？"刘义隆看着这位大臣，仿佛看到了希望。

"陛下，可以派使臣前去讲和。必要的话，可以与他们和亲。"大臣说。

刘义隆不甘心地攥紧了拳头，愤恨地说："也只能这么办了。"

瓜步山顶，拓跋焘在军帐中设下酒宴，正在犒

劳将士。帐中的北魏军将们，许多已经喝得东倒西歪。此时，一名军医打扮的人，穿过帐外几匹骆驼，径直入帐，朝拓跋焘走过来。

"陛下，情况不太好啊。昨天夜里，又有不少士兵开始上吐下泻了。"军医凑近拓跋焘，压低声音，忧心忡忡地说。

"哦？怎么会这样？"拓跋焘放下手中的酒杯，盯着军医的眼睛说。

"是水土不服。陛下喝的是专门从北方运来的水，自然没事儿。但士兵们都是就地取水，时间长了就会生病。"军医指了指帐外的骆驼说。

"唉，那就是说应该尽早班师回朝了。眼看着就能过江了，真不甘心呀……"拓跋焘还没把话说完，就有人前来通报，说南朝的使臣带着大批礼物前来求见。

拓跋焘心中清楚，此次南伐只能止步于此了，刚好刘义隆派人来讲和，就顺水推舟接受了和议，但是刘宋与北魏之间没有和亲。在撤军回北方的路上，心有不甘的拓跋焘为了抢夺粮食，进攻盱眙（xūyí）城。守城的宋军拼命抵抗，北魏军队换了好多种攻城的方式，始终不能破城。一个月后，北魏军队伤亡

惨重,拓跋焘也不想再多耗时间,下令撤军。

　　这一场南北大战,宋文帝刘义隆的北伐之梦彻底破灭,战事大大消耗了刘宋的国力,使其从此衰落下去。北魏太武帝拓跋焘没能统一天下,却实现了饮马长江的志愿。两国交战十分惨烈,给长江以北地区造成了极大的破坏,加重了当地人民的苦难。

(故事源自《宋书》《魏书》《南史》)

你怎么看?

　　史书中对于刘宋使臣与拓跋焘会谈时,哪一方主动提出和亲的建议没有一致的说法,有的说是刘宋主动提出,有的说是北魏主动提出。你认为,哪一方主动提出的可能性更大呢?

萧道成废昏君建南齐

父子兄弟成冤家

公元453年的一天晚上，夜已经很深了，皇帝的书房里还亮着灯。一脸怒容的宋文帝刘义隆正与几位亲信的大臣商量一件国家大事。

"太子实在太荒唐，居然敢在含章殿前埋玉人，咒朕早死！事后居然还不知悔改。皇位怎么能传给这样的人！"刘义隆咬着牙愤恨地说。

"陛下，这样的太子确实应该废掉。但是得赶快定下来新任太子的人选。事关重大，当断不断，反受其乱。如果消息泄露出去，麻烦就更大了。"一位大臣诚恳地劝刘义隆早做决断。

刘义隆从龙椅上站起来，皱着眉头在屋里踱着步："朕知道。可是再立哪位皇子合适呢？"

几位大臣和刘义隆反复地商讨，却始终做不出决定。果然很快太子刘劭（shào）暗中得到了消息，他当然不会坐以待毙，于是决定先下手为强。经过一番准备，一天凌晨，刘劭带着数万东宫卫兵，以讨伐反贼为由杀进皇宫。那一晚，刘义隆又在跟大臣彻夜讨论新太子人选的事情，刘劭的军队攻入时天刚亮，房里的蜡烛还点着。大惊失色的刘义隆被刘劭的一名亲信挥刀砍中，继而被残忍地杀害。

刘义隆的三儿子刘骏听说父亲被太子杀害，发兵声讨弑父篡位的刘劭，一路打进了建康城。刘骏把刚刚自立为皇帝的大哥刘劭和支持他的二哥刘濬（jùn）杀掉，并将他们的尸体投入长江。为斩草除根，刘骏还把二人所有的儿子斩首示众。当时民间流传着一首歌谣："遥望建康城，小江逆流萦（yíng），前见子杀父，后见弟杀兄。"

刘劭杀害父亲，刘骏杀害哥哥，刘宋皇室为了争夺皇位而骨肉相残的悲剧这才刚开了个头儿。刘骏登基，是为宋孝武帝，之后，他又杀了好几个弟弟。孝武帝死后，儿子刘子业即位，他为了保证自己的皇位稳固，也不惜对叔叔和弟弟们痛下杀手。

　　孝武帝的八儿子刘子鸾（luán），从小聪明伶俐，在众多皇子中最受父皇宠爱。面对哥哥派来赐死自己的使者，年仅10岁的刘子鸾哭着说："愿生生世世不再投生帝王家！"杀了好几个叔叔、弟弟后，残暴的刘子业还计划把剩余的六个叔叔杀掉。为求自保，刘义隆的第十一子、刘骏的弟弟刘彧（yù）发动政变，先下手杀死侄子刘子业，登基称帝，即宋明帝。

　　宋明帝虽然自己曾受到侄子的迫害，还差点儿被杀掉，但到了他自己大权在握时，同样对亲族痛下杀手，不仅杀尽了孝武帝刘骏的儿子们，连自己仅存的弟弟们也不放过。在这样的混乱中，南朝的许多官员、将领纷纷投降北魏，淮河以

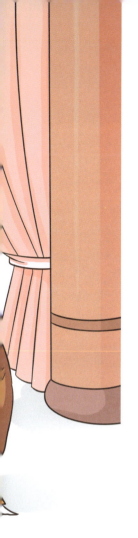

北的土地成为北魏的领土，刘宋的国力被大大削弱。而就在刘宋皇室没完没了地自相残杀的过程中，一员大将逐渐成长起来，成为国家的栋梁。

萧道成的名声越来越大

宋文帝年间，长江下游的武进县有一处老宅子。宅子外面有一棵巨大的老桑树，差不多有三层楼那么高，巨大的树冠横向铺展开来，夏日里枝叶繁茂时，远远看去，就好像皇帝用的伞盖一样。年幼的萧道成最喜欢在这棵老桑树投下的阴凉里玩耍。萧道成生得十分英武，声如洪钟，有人开玩笑说："这棵树就是为你而生的。等你长大了，怕是要当皇帝喽。"

萧道成的父亲是有名的武将，萧道成13岁时就随父从军，开始了他的戎旅生涯。到宋文帝末期，萧道成已经是一名可以独当一面的大将了。宋文帝死后，刘宋皇室开始了无休止的内斗。到宋明帝登基后，四方反叛，地方上拥护朝廷的势力只占极少数，许多宗室、地方官员都纷纷起兵造反。危急时刻，萧道成被派出平叛，曾创下一日破敌十二垒的战绩。宋明帝一方面依赖萧道成来平定叛乱、稳固皇位，另一方面又对屡立战功的萧道成有所猜忌。

一日，将军吴喜带着三千人来到萧道成的兵营，说是奉命出使，顺便劳军。萧道成一身戎装，出营门迎接皇帝的使臣。

"萧将军，陛下说您在外征战辛苦，特赐御酒一壶。"行过见面礼，吴喜回身从随从手中双手接过一个装着银酒壶和酒杯的托盘，捧到萧道成面前。

看到眼前的酒壶，萧道成的脸一下子变得惨白。旁边的亲信在他耳边说："将军，难道是陛下听到了民间流传的'萧道成当为天子'，起了疑心？"

萧道成努力保持镇定，压低声音说："有可能，这酒恐怕有毒。"

"将军，这酒不能喝呀！"情急之下，亲信没控制好音量，这句话吴喜听得清清楚楚。

只见吴喜把托盘略微端高一些，清了清嗓子，说："萧将军，如果你心中有疑虑，我先喝一杯，让你放心。"于是斟了满满一杯酒，当着萧道成的面一饮而尽。

既是这样，萧道成也就接过御酒，斟满一杯喝了下去。吴喜回到皇宫中，多疑的宋明帝听完他的汇报，满意地笑了，心想，谅他萧道成也不敢有非分之想。

可是经此一事，萧道成的心腹们对于皇帝还是心存疑虑。当皇帝下旨召萧道成回建康时，他们就劝他不要回去。萧道成却说："陛下诛杀骨肉兄弟，如今太子年幼，国家恐怕又要出乱子。咱们这些人正应该协力同心，稳定局面。"果然，萧道成回到建康后，宋明帝依旧信任和重用他。

宋明帝去世，留下遗诏让萧道成辅佐朝政，太子刘昱（yù）即位。桂林王刘休范起兵造反，叛军一路打到建康城，朝野震惊。萧道成带兵平定叛乱，在朝野上下树立起极高的威望。

萧道成废昏君自称帝

刘昱虽然年纪不大，却是一个相当昏庸又残暴的君主，动不动就杀人。好不容易坐稳皇位的他看到萧道成的名声越来越大，便更加猜忌，总想要把萧道成杀掉。

一个炎热的夏日午后，萧道成正光着膀子在家午睡。刘昱带着几十号人气势汹汹地闯进萧府的卧室，粗暴地把萧道成从床上叫起来，又让随从的人在萧道成的肚子上画上箭靶。

看到刘昱拉弓引箭，瞄准自己的肚子，眼看就要射过来了，萧道成却毫不畏惧，底气十足地说："老臣没有罪过。"

刘昱的手下也有点慌了神，赶紧劝阻说："陛下，萧将军的肚子大，好瞄准，您要是一箭就把他射死了，以后就没机会再射了。不如换成骲箭（骨制箭头的箭）如何？"

"嗯，有道理，那就换成骲箭。"刘昱换了箭，再次拉弓，一箭便射中了萧道成的肚脐。刘昱哈哈大笑，把弓摔到地上，问左右："你们看朕的箭法如何呀？"面对这样残暴的皇帝，萧道成还是努力隐忍，并且又平定了一次叛乱，威望越来越高。而刘昱却越发地荒唐残忍。

公元477年农历七月初七，刘昱喝得大醉后回寝宫睡觉，对侍卫杨玉夫说："你仔细看着天上，看到织女渡天河就赶紧告诉我。不然，就把你杀掉。"早就忍无可忍的杨玉夫感到如果再不动手，恐怕自己的小命难保，于是联合了几个同样有反心的人，趁着刘昱熟睡把他杀掉。萧道成得到消息，起初还不肯相信，大半夜里赶紧穿上盔甲，跨上马一路飞奔入宫。到了寝殿一看，15岁的荒唐皇帝果然早已气绝身亡。

对于刘宋皇室一代又一代的争权夺利、骨肉相残，朝野上下都已经受够了。萧道成执掌军政大权后，大臣们纷纷建议他取代刘宋皇帝，自己称帝，建立新的王朝。经历了宋明帝和刘昱父子俩的不信任，萧道成对于刘宋王室的忠心也终于耗尽，最终废掉宋顺帝刘准，自己登基称帝。新政权以"齐"为国号，史称南朝

齐、南齐或萧齐，萧道成就是齐武帝。

军旅出身的萧道成亲身经历了大大小小的各种战争，深知这些战争带来的只有国力的消耗和百姓的苦难。登上皇位后，萧道成以身作则，提倡节俭，反对奢靡，下决心要让百姓过上太平日子，他常挂在嘴边的一句话是："如果让我治理天下十年，一定会让经济发展，让黄金像土一样便宜。"可惜他在位短短4年就因病去世，没能实现自己的夙愿。临终前他嘱咐太子要警惕西晋和刘宋皇室手足相残的教训。然而到南齐第三代皇帝时，这一祖训就被忘得一干二净，最终南齐也在皇室的权力斗争中失掉了政权，仅存续了23年，是南朝四个朝代中最短命的一个。

（故事源自《宋书》《南齐书》《南史》）

知识卡片

贾思勰写《齐民要术》

贾思勰（xié），北朝人，是中国古代杰出的农学家。贾思勰曾任北魏青州高阳郡太守，非常重视农业生产，卸任后他就开始致力于农学研究，足迹遍及今河南、山西、河北、山东等地。他在总结前人经验的基础上，又从有经验的农民那里获取生产知识，并亲自从事农业生产实践，经过系统整理和概括总结，完成了《齐民要术》这部伟大的著作。《齐民要术》是中国现存最早的一部完整的农书，被誉为"中国古代农业百科全书"。

你怎么看？

历史上很多朝代的统治阶层都出现过为争夺权力而骨肉相残的事件，有没有什么办法可以避免这类惨剧发生？

北魏孝文帝的小目标：迁都洛阳

迁都，还是不迁？

深秋时节，北魏都城平城的郊外一派萧条气象，山上的草早已枯黄，田地也被薄薄的冰覆盖。偶尔会有一两个衣衫褴褛的孩童，低着头在田间地头仔细寻找什么，也许是烧火用的柴火，也许是偶然掉落的粮食颗粒。城中的情形也不乐观，许多衣不蔽体、食不果腹的男女老少挤在街角，盼着有人能施舍半碗剩粥。皇宫里，北魏明元帝拓跋嗣一筹莫展，妹妹华阴公主正在苦口婆心地劝他做一个重大的决定。

"皇兄，今年春夏大旱，总是不下雨，地里的庄稼干死了大半。而且今年又冷得早，如今都城内外，到处都是吃不上饭的饥民。再不想办法的话，真的要饿死人啦。"华阴公主恳切地说。

"你也是来劝朕迁都的？昨天已经有人跟朕提过了，让朕把都城迁到邺城去，说那里土地肥沃、气候温暖，能让百姓过上安乐的日子。"拓跋嗣低着头闷闷不乐地说。

"是呀，皇兄。这平城，十年当中也就能有一两个好年景，动不动就大旱，有时六月就开始下雪，不是久留之地啊。"华阴公主又往前凑了几步说道。

"可是，这平城是父皇当年选定的都城！怎么能说迁就迁呢？让朕再好好想想，你先回去吧。"拓跋嗣疲惫地把脸埋在手中。华阴公主欲言又止，但也只好转身离去。

拿不定主意的拓跋嗣，把他最信任的大臣崔浩召入宫中商议。崔浩听说皇帝有迁都的打算，情绪一下子激动起来："陛下，不可以啊！迁都平城，或许能解决今年的饥荒，但不是长久之计呀。如果赫连勃勃和柔然人听说咱们迁都，肯定会派大军前来，到时候云中、平城可就危险了。"

赫连勃勃是当时北魏西边的大夏国的大王，柔然是北方的游牧民族，都是北魏的劲敌。崔浩的话说到了拓跋嗣的心坎儿上，他点了点头："崔卿与朕想的

一样。可是眼前平城的饥荒怎么办呢？"

"陛下，您可以下令调一部分百姓暂时去山东，那边的仓库有存粮。等到来年春天山上的草长出来，牛羊都开始产奶，再加上些果子、蔬菜什么的，怎么也能凑合到明年秋天。就算明年秋天收成一般，也就能熬过这一关了。无论如何，万万不能迁都啊！"

第二年，平城风调雨顺，取得了大丰收，朝廷里也就没人再提迁都的事情了。但是以平城为都城的北魏始终还是要面临饥荒和敌袭两个大问题。直到孝文帝拓跋宏登上皇位，这两大问题一直没有得到根本上的解决，北魏还是经常被饥荒和柔然人困扰。

不过，已经统一了黄河流域的北魏国力更加强大了，南方的刘宋已经为齐所取代，萧道成死后，南齐皇室内斗不断，国力日渐衰落。当年太武帝拓跋焘率军南伐，一路打到长江北岸的瓜步山，最终还是没能统一天下。拓跋宏一直将祖辈们的这一理想铭记于心，不曾忘记。

假南伐，真迁都

就在拓跋宏暗自盘算着要有一番大作为时，北魏朝廷迎来了一个大人物：出身琅琊王氏的王肃。王肃是当年东晋宰相王导的后代，原本在南朝当官，但是他的父亲和兄弟都在萧齐皇室的斗争中惨遭杀害，他于是一路从建康逃到了邺城。求贤若渴的拓跋宏听说有琅琊王氏的人来到北方，专门到邺城去见王肃。

出身于江南世家大族的王肃不仅风度翩翩，而且饱读诗书，志向远大。王肃纵论古今，谈治国之道，分析天下大事，讲得头头是道。拓跋宏深深地被王肃打动了，感到自己终于遇到一个志趣相投的人，经常与他单独聊到深夜。

王肃讲到南齐内部的混乱，劝拓跋宏可以趁机南伐，灭掉南齐，统一天下。早就在拓跋宏心里萌动的南伐梦想，如今燃烧得更加旺盛了。拓跋宏想要开创一个新的时代，想要南伐统一天下。可是如果要想当全天下的皇帝，就不能一直待在平城这么偏僻的地方，拓跋宏于是暗下决心要把国都迁到东汉、西晋的旧都洛阳去。

可是鲜卑人发源于北方，习惯了骑马射猎的生活方式，而且定都平城这么多年，朝中上上下下大多数人都不会愿意搬迁，怎么办呢？拓跋宏想到的办法是，先不跟大家说要迁都洛阳，而是下令出兵南伐，南伐这件事是不会招来许多反对意见的。

公元493年秋天，拓跋宏亲率百万大军，从平城出发，向南开进。大军一路走到洛阳，号称要去前线打仗的拓跋宏却并不

名言名句 悲平城，驱马入云中。阴山常晦雪，荒松无罢风。（〔南北朝〕王肃《悲平城》）

急着赶路，反而让大军停留下来。此时的洛阳城早已破败不堪，拓跋宏到只剩残垣断壁的旧皇宫、太学等处参观，感慨得泪流满面。

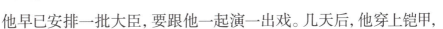

表面上拓跋宏只不过在洛阳短暂停留，让将士们休整几天。背地里，他早已安排一批大臣，要跟他一起演一出戏。几天后，他穿上铠甲，跨上马背，下令继续向南进军。这时一群大臣冲出来，跪倒在御马前，请求皇帝中止南伐。

"众位爱卿，朕率领百万大军出征，总不能无功而返吧？"这是拓跋宏早就给自己设计好的台词。

"陛下，此次我军准备不充分，等到天时、地利、人和具备之时再行南伐也不迟啊。"一位大臣说。

"嗯，既然迟早都要灭掉萧齐，统一天下，不如就便迁都洛阳，如何？"拓跋宏骑在马上，用马鞭指着面前的城市说。

"陛下圣明，洛阳地处天下之中，又是前朝旧都，臣以为可以迁都。"任城王拓跋澄走上前说。显然，这也是拓跋宏与他私下里早就策划好的。

于是，迁都洛阳这件大事就这样确定下来。花了一年多的时间准备，第二年九月，北魏的文武百官就全都搬到了洛阳，洛阳成了北魏的新都城。

迁都洛阳后，雄心壮志的拓跋宏并不满足于都城位置的变迁，还想要改变北魏朝中的鲜卑旧习俗，这样才能让北魏从一个北方少数民族政权变成一个统治全天下的中原王朝。拓跋宏下令将鲜卑姓改为汉姓，例如皇族拓跋氏改姓元氏，于是皇帝拓跋宏变成元宏，任城王拓跋澄变成元澄。他还下令禁止穿紧身窄袖的胡服，改穿宽袍大袖的汉服；下令朝廷上禁止说鲜卑语，要改说汉语，违反禁令的人就会被免官；还极力提倡鲜卑人与汉人通婚，等等。下定决心要除旧布新的孝文帝颁布了许多改革措施，想要彻底将北魏政府和鲜卑人改造一番。

可是对于不少鲜卑人来说，这些改革措施带来的可不只是麻烦。

太子元恂（xún）是个身材肥胖的年轻人，与父亲不同，他从小不爱读书学习，只喜欢骑马射箭。被迫搬来洛阳后，他一直闷闷不乐，尤其是到了夏天，河南的酷暑让他觉得忍无可忍，总是怀念当年在平城的美好时光。

一次，趁着孝文帝外出，元恂与几个亲信密谋逃回到北方去，结果被守城的武将困住，没能成功逃脱。孝文帝赶回来后勃然大怒，将元恂大骂一番后，又亲自杖责。元恂被打了一百多棍，一个多月都起不来床。但是孝文帝还没有消气，废了元恂的太子之位，又把他软禁起来。

其实不是只有太子元恂不喜欢迁都和改革，心怀怨恨的鲜卑人还有不少，北魏后来的衰落就与此有关。

（故事源自《魏书》）

知识卡片

云冈石窟

云冈石窟位于今山西省大同市城西约16公里的武州（周）山南麓、武州川的北岸。石窟依山开凿，东西绵延约一公里，是中国规模最大的古代石窟群之一。大同市在历史上曾是北魏中期的都城平城，云冈石窟正创建于佛教兴盛的北魏。公元460年，北魏文成帝令僧人昙曜（tányào）主持开凿5个大石窟（即今第16至20窟），每个洞窟中央都雕刻了巨大的如来佛像，后人称这5个石窟为昙曜五窟。据说昙曜五窟主佛像的样貌分别取自北魏道武、明元、太武、景穆和文成五位皇帝的形象，寓意北魏皇帝是如来佛的化身。第一期工程之后，直到北魏孝文帝迁都洛阳之前，云冈石窟又增加了十几个大型洞窟。北魏迁都洛阳后，虽然不再开凿大型洞窟，但平城信仰佛教的官员及平民又陆续出钱开凿了许多中小型洞窟。1949年以来，云冈石窟得到维修和保护，并对公众开放。1961年，云冈石窟被国务院公布为全国首批重点文物保护单位，2001年12月14日被联合国教科文组织列入《世界遗产名录》。

你怎么看？

既然鲜卑人中有很多都不愿意迁都和接受汉化改革，那么孝文帝的做法是不是错了？

北魏的衰落

边疆重镇逐渐衰败

北魏迁都洛阳差不多有十年了，宣武帝元恪（kè）派遣大臣源怀到北部边疆的六镇巡查当地官员的工作情况。宣武帝深知源怀为人刚正不阿，因此允许他如果遇到什么情况，可以先自己处置，再向朝廷汇报。

年过半百的源怀离开洛阳，一路向北来到故乡。自从孝文帝迁都洛阳，北方就日渐衰落，连年的旱灾带来粮食歉收，地方上的官员觉得如今天高皇帝远，就肆无忌惮地贪污腐败，老百姓的日子过得非常辛苦。虽然源怀早就听人说过北方的情况，但到达北部边疆的六镇时，他还是被眼前的景象震惊了。

在源怀的记忆中，旧都平城虽然不比中原富庶，但也是人丁兴旺、富裕安乐的，而负责守卫北部边疆的六个军镇，将士们都朝气蓬勃，随时准备跨上马背，奔赴疆场建功立业。可是此次回来，他所看到的除了萧条和荒芜，就只有穷苦无依的老百姓和满面愁容的兵士，还有骄横跋扈的军官。所见所闻，让怀源的心中充满了伤感和愤怒。

源怀一行快要抵达沃野镇的时候，远远地就看到镇外大道边有人摆好了酒席。走近了，源怀才看清楚，来给他接风的居然是沃野镇的镇将、当今国丈的哥哥于祚（zuò）。只见于祚一脸堆笑，端着一只酒杯，朝着源怀的马走过来。

"源大人，一路上辛苦了，下马休息一下，喝杯酒吧。咱们许久不见，也该叙叙旧了。"于祚一脸虚情假意地说。

源怀完全没有下马的意思，斜着眼睛瞟了于祚一眼。这位皇亲国戚作威作福、贪赃枉法的事情，他早就已经调查清楚，当然知道于祚的热情迎接是为了什么。他可没有心情浪费时间跟这种人应酬，于是把缰绳往边上一拉，一句话没说就从于祚边上绕过去，径直进镇了。

只听见身后气急败坏的于祚把酒杯往地上一摔，大喊："你以为你是谁？我可是当今国丈的哥哥！"不用说，源怀一安顿下来，立刻给朝廷写奏表弹劾（tánhé）

于祚, 要求免去这个贪官的职务。

　　源怀对皇亲国戚不留情面, 对自己的旧时好友也同样不留情面。他到怀朔镇时, 镇将元尼须也请他喝酒, 希望他能够念及旧情, 放自己一马。铁面无私的源怀却说: "今天是我源怀与老朋友喝酒, 不谈公事。明天公堂之上, 再好好说说你的罪状。"对面的元尼须又羞愧又害怕, 泪流不止, 再说不出一句话来。

　　虽然有源怀这样正直的官员努力挽救, 北魏的皇帝对于北方六镇也很重视, 但是六镇的衰落仍然无法逆转。当初北魏兴起的时候, 全靠鲜卑将士们能征善战。定都平城后, 为了防备北方的柔然, 设立了这六个军镇, 军镇中的将士们可以靠军功加官晋爵, 大家都干劲儿十足。迁都洛阳后, 起初孝文帝还很重视北边六镇, 他经常亲自去六镇巡视, 从六镇迁来洛阳的军士都被编入禁军。可是后来, 朝廷渐渐更重视中原和文官, 不光是北边六镇本身衰败, 都城洛阳中六镇出身的鲜卑军人地位也在下降。

将军府惨遭围攻

　　到了宣武帝的儿子孝明帝元诩(xǔ)时, 官员张仲瑀(yǔ)建议朝廷不要让那些没文化的、军旅出身的鲜卑人当大官。张仲瑀的父亲张彝是征西将军, 哥哥张始均是尚书省的官员, 他们一家都很看不起六镇出身的军人。消息一传出, 朝野上下议论纷纷，那些军旅出身的人愤怒极了，私下里商议要给对手一点颜色瞧瞧。

一天，将近一千禁军冲进张彝府上，找他们父子三人算账。这些人把张彝拖出来，根本不顾他是个年近六十的老人，围起来就拳打脚踢。接着又开始放火烧房。张仲瑀两兄弟翻墙逃出后，发现父亲没逃出来。张始均赶紧返回家中救父亲，面对那些面目狰狞的军士，他跪在地上不断地磕头，求他们能够饶老父亲一命。暴怒的禁军还觉得不解气，把张始均也围殴一顿，接着把他扔到熊熊烈火中。

父亲张彝被打得奄奄一息，哥哥张始均被活活烧死，弟弟张仲瑀也受了重伤，这一切都只因为张仲瑀的一个建议而已。这个事件震惊了整个洛阳城，但也只不过是让那些军队出身的鲜卑人发泄一下情绪而已，并不能改变他们的整体命运——他们再也无法像北魏初期一样快速升职。

而北方的劲敌柔然仍然经常来骚扰北部边疆，多数时候只是小股军队的突袭，但有时也会有几万甚至十几万大军压境。就在源怀61岁那年，12万柔然大军兵分六路来袭，老当益壮的源怀毫不畏惧，跨上战马就去应敌。在他抵达前线的时候，柔然人早就逃得远远的了。

六镇出身的鲜卑军人在洛阳升迁困难，留在六镇生活的军人和老百姓日子过得悲惨，不仅被腐败的地方官欺负，还要与连年的灾荒和不时来骚扰的柔然人斗争。孝明帝正光年间，忍无可忍的六镇人一波又一波揭竿而起，朝廷不得不紧急调集军队前去镇压。六镇之外，河北、山东等地也纷纷爆发起义，朝廷镇压各地的起义就像打地鼠一样，打败一支起义队伍，又出现新的反抗，搞得北魏王朝疲于应付。

河阴之变

在这样内忧外患的时候，洛阳皇宫之内，孝明帝和胡太后母子却在忙于争权夺利。孝明帝即位时只有6岁，他母亲胡太后临朝听政。胡太后是个权力欲很强的人，她甚至开始像皇帝一样自称为"朕"，让大臣们称呼她为"陛下"。她虽然喜欢掌握权力，但却没有治理国家的能力，生活又非常奢侈。

胡太后的所作所为激起了朝野上下的不满，孝明帝11岁那年，两位大臣联手发动政变，将她囚禁起来。后来，诡计多端的胡太后又想方设法卷土重来，除掉

了反对她的大臣。在狠心害死自己的儿子、19岁的孝明帝后，胡太后又立了一个3岁的小皇帝，想要继续独揽大权。

胡太后的做法引起了全国上下的愤怒，包括手握重兵的尔朱荣。尔朱荣早年是一个契胡部落酋长，各地开始起义后，他一边镇压起义一边招兵买马，在这个过程中，尔朱荣组织起一支强悍的军队，官也越做越大。

听说胡太后杀了孝明帝，尔朱荣认为自己掌控北魏朝廷的机会来了。他指责胡太后杀害皇帝，同时自己立元子攸（yōu）为皇帝，就是孝庄帝，随后他率领军队一路杀入洛阳城。城中的官员和百姓被气势汹汹的大军吓得四散而逃，尔朱荣不费吹灰之力就占领了洛阳。

已经取胜的尔朱荣还不罢休，他以到郊区祭天为名，将皇亲国戚、朝廷官员聚集起来。在黄河南岸一个叫陶渚（zhǔ）的地方，尔朱荣把这两千多人全部杀掉，又把胡太后和她立的3岁小皇帝扔到黄河里淹死。这场大屠杀在历史上被称为"河阴之变"。野心勃勃的尔朱荣甚至想自己当皇帝，但最终却被他所立的孝庄帝设计除掉。经过这样一番大折腾，北魏王朝彻底衰落下去。

（故事源自《魏书》《北史》）

知识卡片

郦（lì）道元与《水经注》

郦道元是北魏时期的官员和地理学家，他所生活的时代，在两晋十六国各族大迁移以后。在北方，许多地名变动了好几次，人们已经不知道它们的原名；许多城镇被废弃了，有的城镇迁移了，让人搞不清楚。在南方，新成立了许多州、郡、县，地名变化非常大。还有一些河流，河道走向有变动。因此，郦道元给三国时编写的《水经》作注释，写成了《水经注》40卷。《水经》原书只简略地叙述了137条水流，而郦道元在《水经注》中详细介绍了全国1252条重要河流；《水经》原文简短的一两句话，郦道元却写成几百字甚至几千字的文章，还介绍了历史遗迹、人物典故、神话传说等。《水经注》是中国古代最全面、最系统的综合性地理著作。

东魏和西魏，胜负总难定

邮差的预见

北魏孝明帝时期，有一天，北方边镇的一户人家热闹非凡，原来是许多孔武有力的彪形大汉聚在一起喝酒吃肉。大汉们酒足饭饱，摇摇晃晃地陆续离开，留下满院狼藉。

"喂，贺六浑，你小子是不是傻了？自打这次从洛阳回来，就每天这样大手大脚地请客，还给那些整天只知道打打杀杀的人送礼。把钱都花光了，以后的日子不过了吗？"一个男子边帮忙收拾边发牢骚。

"是你不懂！我这次去洛阳送信，听说禁军把张彝的将军府给烧了，张将军爷

仨死的死、伤的伤，事情闹得尽人皆知。可是你猜怎么着？朝廷根本就不管！那些装聋作哑的大官儿就假装什么都没发生一样！"贺六浑的大名叫高欢，他已经当了六年邮差，每年往返于洛阳与北部边镇之间，比本地人更见多识广。

"有这样的朝廷啊，这天下就要大乱啦！这时候就不能爱惜钱财啦，赶紧多结交些朋友，关键的时候能保命。运气好的话，还能当个乱世英雄呢！"说到这里，高欢眼神放光，仿佛已经成就了一番大事业。

果然没过多久，从六镇开始，各地接连爆发起义，天下乱了，高欢的机遇也来了。高欢主动投奔起义军，几经辗转，最后追随了势力日渐壮大的尔朱荣。对于高欢来说，是反对北魏朝廷还是镇压起义军并不重要，重要的是看跟着谁更有前途。高欢赢得了尔朱荣的信任，跟他一起四处平定起义，也在孝明帝死后一起打进洛阳城。

在尔朱荣被孝庄帝元子攸杀掉后，尔朱荣的侄子尔朱兆为了给叔父报仇，带兵打进洛阳，杀死孝庄帝，改立长广王元晔（yè），后来又废掉元晔，推立元恭。当时拥兵占据各地的尔朱家的人也都是残暴的武夫。看到这样的情形，高欢暗下决心要跟尔朱氏决裂，他想办法离开权力斗争的中心，到山东地区发展起自己的势力。

实力壮大后的高欢决定率众起兵。起事前，高欢伪造尔朱荣的书信，说要征发六镇军民为部卒，引发六镇人的不满，好将这些人转为己用。他聚集多股兵力，约束部众不准残杀汉人，不准违反军纪，生杀赏罚都由他一人决定。这支军队成为高欢讨伐尔朱氏的重要力量。

最终，高欢攻入洛阳，彻底消灭了尔朱氏的势力。高欢起兵时先立元朗为帝，作为政治号召；到洛阳后，便废黜了元朗和先前尔朱氏拥立的元恭，改立元修为皇帝，即北魏孝武帝。高欢当上了大丞相，坐镇晋阳，成为掌握朝政大权的人。

英雄果然识英雄

位极人臣的高欢保持着警惕，他可不想落得像尔朱荣一样的下场。一天，晋阳大丞相府里来了一位小军官，是驻守长安的将军贺拔岳的手下宇文泰。这名身材魁梧、目光炯炯、双手过膝的年轻人引起了高欢的注意。

　　"自从贺拔将军入驻,关中一直安稳无事,请大丞相放心。贺拔将军还让在下转达,将军对大丞相忠心无二。"宇文泰恭恭敬敬地说。

　　"嗯,我看你倒是聪明伶俐,不如就留在晋阳,别回关中了。"高欢隐隐觉得这个年轻人将来会成为自己的劲敌,因此想要趁早把他控制在自己手中。

　　"大丞相,在下追随贺拔将军多年,而且大丞相府上人才济济,在下不过是个平庸之辈。"聪明的宇文泰早已看出高欢的野心,于是苦苦恳求高欢将他放回长安,甚至买通了高欢的左右帮他说好话。

　　高欢终于被说动了,同意让宇文泰离开,宇文泰马上日夜兼程赶紧赶回长安。正如高欢预感到的,孝武帝元修并不想当傀儡皇帝,早就在暗地里想办法要除掉高欢,其中就包括秘密联络关中的军队。宇文泰回到长安,跟贺拔岳说高欢迟早要篡夺皇位,建议他借机辅佐孝武帝,成就一番事业。可还没等到孝武帝起兵,贺拔岳就死了,关中的军队便由宇文泰接替统领。

北朝双雄难分高下

虽然经过了一番筹备，孝武帝最终起兵反抗高欢的时候，还是打不过高欢，只能狼狈地带着残余的追随者一路逃到长安，投靠宇文泰。手上没了皇帝的高欢，又立了一个11岁的小皇帝——孝静帝元善见，之后匆匆忙忙地把都城迁到邺城。孝武帝刚脱离了高欢的控制，又落入宇文泰的控制，心里自然不痛快。宇文泰也看不上孝武帝，不到半年就除掉了孝武帝，另立了一个皇帝——西魏文帝元宝炬。

于是北方出现了两个魏——以邺城为都城的东魏和以长安为都城的西魏。东魏和西魏表面上都有姓元的皇帝，但背后掌握实权的却分别是高欢和宇文泰。东、西魏分裂后，高欢和宇文泰这两个劲敌都想要吞并对方，先后打了好几次大仗。

就在东、西分裂的第四年，宇文泰想要把都城迁回洛阳，与东魏的军队在洛阳外的河桥相遇。宇文泰亲自披挂上阵，率领西魏中军与东魏军队交战。战场上箭如雨下，宇文泰骑在马上左突右冲，勇猛异常。混战之中，宇文泰的战马中箭受惊，他被狠狠地摔到了地上。

东魏的大军追了上来，西魏的将士看不到主帅的身影，像没头苍蝇一样四散奔逃。东魏的将士朝着从马上摔下来的宇文泰冲了过来，千钧一发之际，李穆及时赶来，他挥起马鞭打在宇文泰身上，大骂道："你的长官去哪儿了？你怎么自己在这里？"东魏的将士听他这么骂，误以为宇文泰不过是个无关紧要的小兵，就接着往前面追去了。

看到敌人走远，李穆赶紧从马上下来："大将军恕罪，您骑我的马吧。"

"你救了我一命，怎么是有罪呢？等打完这一仗再给你封赏！"战事紧急，宇文泰顾不上多说，赶紧翻身上马。

西魏的将士看到宇文泰又回到了战场，士气大振，掉头迎击，大败敌军，斩杀了东魏一员大将，俘虏了一万多人。这一仗虽然宇文泰的中军取得胜利，但是西魏的左右两军都交战失利，宇文泰只好下令班师回长安。东魏损兵折将，西魏丢了洛阳，双方谁也没占到便宜。

　　河桥之战8年后，高欢再次率领数万大军来到西魏的玉璧城下，在这以前，东魏与西魏打过几次互有胜负的大小战役。高欢让人在玉璧城南筑起高高的土丘，又制造了无坚不摧的战车，甚至让人在城墙周围挖了许多地道。可是不论东魏军用什么方法攻城，西魏的守军都有办法破解。

　　东魏军在玉璧城下苦战50天，始终没有丝毫突破，己方却死伤七万多人。既气愤又恼怒的高欢一病不起。一天深夜，一颗巨大的火球从天而降，砸在东魏军营中，把地上砸出一个大坑。熟睡中的士兵被流星坠落的巨响惊醒，都吓坏了，

大家纷纷议论这是个不好的兆头，高欢只得下令退兵。

归途中，高欢因为生病很少露面，军中流传起他已中箭身亡的消息。为了稳定军心，高欢只好强打精神，在军帐中设宴招待手下的将领。将领们看到高欢还活着，也就安心了。看着大家垂头丧气的样子，高欢就让自己的爱将斛（hú）律金唱歌助兴。斛律金站起身，唱起了在草原上流传很广的《敕（chì）勒歌》："敕勒川，阴山下。天似穹庐，笼盖四野。天苍苍，野茫茫，风吹草低见牛羊。"这歌勾起了高欢对草原的回忆，不自觉地也跟着唱起来，一曲唱完，泪流满面。

从玉璧退兵回来不久，郁郁寡欢的高欢就病逝在晋阳家中。

（故事源自《北齐书》《周书》《魏书》《资治通鉴》）

知识卡片

北朝民歌

　　北朝民歌是南北朝时期流传于北方的民间歌曲，主要由鲜卑族创作，也有氐、羌、汉族人创作的。歌词有的是用汉语，有的是用北方少数民族的语言创作，之后又被翻译成汉语，主要收录在《乐府诗集》中，今存六十多首。北朝民歌语言质朴，风格粗犷豪迈。内容上，有些描述当时的战争和北方人民的尚武精神，有的反映人民的生活疾苦，有的反映婚姻爱情生活，也有的描绘北方草原的风景。《敕勒歌》和《木兰诗》是北朝民歌的代表作。

开国又亡国的梁武帝萧衍

最有文采的开国皇帝

南朝齐武帝时期的一个夏日，在竟陵王萧子良的王府中，有一间以"古斋"为名的屋子，屋里最醒目的家具就是几个摆满了古董的博古架。

"各位仁兄，我近日刚得了一幅好字，要不要一起欣赏一下？"萧子良放下手中的茶杯，笑着对屋内几位气质儒雅、衣着华丽的男子说。

"好呀，好呀，让我们看看是哪位大家的真迹。"几个人都跟着萧子良从座位上站起身，走向一个博古架。

萧子良从架上拿起一个卷轴，小心翼翼地展开。其他几个人围成半圈，睁大了眼睛，仔细欣赏上面的每一个字。

一个人不自觉地点点头，一边说："嗯，笔势刚劲有力，确实是难得的好字。不过，在我看来，比起咱们叔达贤弟，功力还是差了一些。"

"王融兄，你又过奖了。"萧衍谦虚地笑了。

"叔达贤弟不必谦虚，咱们竟陵八友虽然都饱读诗书，文章了得，但将来能在朝堂之上经世治国的，一定是你！"王融说完哈哈大笑，旁边的萧衍忙不迭地摆手。

这位萧衍与南朝齐的皇室是同族，字叔达，论辈分算是齐武帝萧道成的族弟，从小就博学多才，在文学方面很有天赋。但是在齐武帝病逝后，南齐的皇室也像刘宋一样陷入残酷的内斗中，直到齐明帝萧鸾即位才暂时稳定下来。齐明帝时期，萧衍在与北魏的战争中立下战功，地位日渐显赫。

齐明帝去世后，他的儿子萧宝卷即位。萧宝卷非常残暴，在历史上被称为东昏侯，他肆意杀戮许多大臣，使得朝野上下人人自危。萧衍在兄长被冤杀后，下定决心要废掉东昏侯。他招兵买马，组织起上万士兵、战马千匹、战船三千艘，沿长江顺流而下，一路打到建康城，最终消灭了东昏侯，立东昏侯之弟、40岁的萧宝融为帝，掌握了朝中大权。

　　掌权后的萧衍经过一段时间的经营，最终废掉萧宝融，自己登基称帝，建立梁朝，历史上也称南梁、萧梁，萧衍就是梁武帝。萧衍本身就是很有才华的文人，他当上皇帝后，更极力发展文化事业，使得这一时期的文化格外繁荣。萧衍也是个勤政的皇帝，总是清晨就起床批阅公文，冬天寒冷，把手都冻裂了也不休息。在历朝历代的皇帝当中，萧衍的节俭也是数一数二的，据说他平时穿布衣，一顶发冠能戴三年，一床被子能盖两年。他也是南北朝时期最长寿的皇帝，在位长达48年，这段时间江南地区获得了难能可贵的安稳。

皇帝闹着要出家

　　萧衍还有个特点：特别信佛。他在皇宫对面修了一座同泰寺，出了宫门就能进寺礼佛，非常方便。萧衍自己也精通佛法，经常在同泰寺召开讲经大会，亲自登台给僧人和信徒讲解佛经。萧衍老了之后，信佛信得更加厉害，甚至连皇帝都不想当了，就想出家当和尚，人送外号"菩萨皇帝"。

公元547年三月，建康城里春色正浓，各处的春花竞相绽放。八十多岁的萧衍心情大好，一早便来到同泰寺。进入寺中，萧衍换上一身和尚的僧袍，缓步登上院子里早已搭好的高台。高台下面坐满了来自建康城里各个寺庙的僧人，也有不少俗家信徒是长途跋涉，专门来听皇帝讲经的。

红光满面的萧衍，面对台下的人群，自信地讲起了佛经。讲经的热情甚至让这位老人忘记了饥渴，听众们也听得十分认真。一部经书讲解完毕，兴致高昂的萧衍站起身，一时兴起，宣布了一个惊人的决定："朕就要在此出家为僧，不再回宫，留在这里专心钻研佛法。"

"皇帝菩萨！万万不可呀！"台下的大臣们慌了神，赶紧一起下跪叩拜。

"皇帝菩萨！国不可一日无君呀！"

看着台下不断磕头的大臣们，萧衍的神情还是很坚定，看来他这次是铁了心要出家了。

皇帝闹着要出家，这已经不是第一次了，之前都是大臣们花了大笔的钱才把萧衍从同泰寺赎回来。所以每次萧衍到同泰寺，大臣们都提心吊胆，生怕皇帝又要出家。不过，闹过几次之后，大臣们也就有经验了，反正只要诚心诚意地多请几次，再筹集一大笔钱，总能把皇帝请回宫的。没想到这次萧衍的态度格外坚决，大臣们反复去请，一直拖了一个多月，萧衍才终于同意让他们用一亿万钱把自己赎回。

侯景之乱

就在萧衍闹着要当和尚的时候，朝廷里发生了一件大事。在萧衍这次去同泰寺讲经之前，北边东魏的将军侯景公开与朝廷翻脸，传话来说要带着13个州的地盘归附南梁。萧衍与大臣们商议是否接纳侯景，不少大臣都表示反对，认为侯景并不是值得信任的人，恐怕会招来祸事。

"朕前几天做了一个梦，梦见大梁终于平定中原。现在侯景请求归降，恐怕是这个梦要应验了。"萧衍虽然觉得大臣们说得有道理，但还是不甘心。

一位大臣顺着萧衍说："陛下，我大梁承平日久，国力强盛，北方的百姓早就盼着能归顺。如今侯景带着这么多土地前来归顺，这是天意啊。如果现在不接受他的话，那些想要归顺我们的人恐怕都不敢来了。"

"嗯，说得有道理。那就接受侯景归降。"萧衍终于下定了决心。萧衍任命侯景为大将军，接受了他的投降，又派侄子萧渊明带领军队前去接应侯景。可结果梁军被东魏的军队打得大败，萧渊明也成了俘虏。

梁朝主力军被东魏打败的消息传到建康城，萧衍又变了主意，想要与东魏讲和。东魏提出的条件是让梁朝交出侯景，萧衍说只要把他侄子放回来，就把侯景送过去。侯景得知这个消息后，知道自己在梁朝也不安全，经过几个月的筹备后发兵叛乱，带着军队一路打到长江北岸。

萧衍原以为有长江天险保护，侯景肯定打不过来。哪知梁朝内部早有人投靠了侯景，帮着侯景渡过长江，并且打开城门，把侯景的军队放入建康城。侯景的军队将萧衍围困在皇宫所在地台城，侯景攻不进去，萧衍也无法与外面联络。

名言名句 自我得之，自我失之，亦复何恨！（〔南北朝〕萧衍）——国家在我手上建立，又在我手上失去，又有什么好悔恨的呢！

八十多岁的老皇帝一筹莫展，越发显得苍老和疲惫。一天，一名仆从带着一个小孩来到宫中，对萧衍说："陛下，这孩子说他有办法可以把信送出城。"

"哦？孩子，你来说说，有什么好法子？"萧衍带着不太信任的语气问道。

小孩上前行了个礼，恭恭敬敬地说："陛下，咱们可以把信绑在风筝上，把风筝放得高高的远远的，到时候总有人能捡到信。"

"好主意！"萧衍眼前一亮。他赶紧让人去放风筝，每只风筝里都带着一封短信，写着："能把援军带到者，赏银百两。"消息虽然送出了，但援军还是迟迟不来。原来各地诸侯王的部队早就陆续赶到了城外，但他们各怀鬼胎，都在城外观望不前。

台城被侯景围攻了一百三十多天，终于被攻破了。城破之时，最后的守城将士还在顽强地抵抗，却也只能节节败退。一名武将惊慌失措地跑入皇宫禀报："陛

下，城破了！快逃吧！”

萧衍却躺在床上一动不动，见来人是自己六儿子邵陵王的孩子，冷冷地说："国家在我手上建立，又在我手上失去，还有什么好怨恨的呢！"看着孙子绝望的眼神，又接着说："你赶快走吧，告诉你父亲，不要惦记朕和太子了。"说罢，便端坐在大殿中，平静地等待侯景的到来。

侯景虽然攻入了皇宫，但不敢杀掉萧衍和太子，只是将他们软禁起来。内心愤怒的萧衍坚决不跟侯景合作，侯景就减少他的饮食供应。年迈的萧衍又病又饿，最终饿死在皇宫里。

萧衍死后，侯景一度自己称帝，但很快就被梁朝的军队打败。侯景之乱结束后，梁朝的皇室成员继续内斗，亡国的日子也越来越近了。

（故事源自《梁书》《南史》《魏书》《资治通鉴》）

昭明太子编《文选》

萧统是梁武帝萧衍的长子，梁朝建立后被册立为太子，却英年早逝，谥号"昭明"，历史上称为"昭明太子"。萧统酷爱读书，记忆力极强，5岁就读遍儒家的五经。他爱好文学，身边聚集了一大批有学识的知识分子，经常一起讨论诗文。萧统主持编选了中国现存最早的诗文总集《文选》，又称《昭明文选》。《文选》收录自周代至南梁以前七八百年间一百三十多位作者的诗文七百余篇，曹操、曹植、陶渊明等人的诗文都在其中。由于《文选》所选的诗文都是经典之作，因此它成为古代读书人必读的一部书。

你怎么看？

你认为从侯景投奔梁朝到侯景叛乱的过程中，梁武帝做了哪些错误的决定？

北齐自毁藩篱

快刀斩乱丝

东魏晋阳大丞相府中，难得闲来无事的高欢正与几个儿子玩耍。其实更准确地说，是高欢要测试一下自己的几个儿子，看谁更聪明伶俐。此刻，兄弟几个正在手忙脚乱地整理各自手中的一团乱丝，有的眉头紧皱，有的口中喃喃自语，有的神情烦躁。而高欢则一脸得意地在旁边踱着方步，观察着几个儿子的一举一动。府中手头没有活儿的下人们也跑过来围观，偷偷地在旁边交头接耳。

在这么多双眼睛的注视下，其中一个少年放下那团乱丝，抬起头环顾了一圈周围的人。然后走到一名侍卫跟前拔出他的佩刀，拿着刀返回来，对着那团乱丝猛砍几刀。众人看到他的举动都吃惊地瞪大了眼睛，另外几兄弟也不自觉地放下了手中的丝线，抬起头来看他。

"侯尼于，你这是在干什么？"高欢走到少年面前，指着被砍成几段的丝线问。

"父亲，丝线乱成这样，根本不可能整理清楚。我用快刀将它们斩断，这样就可以找出头绪了。"这是高欢的二儿子高洋，侯尼于是他的鲜卑名字。他说着把刀放在一边，从斩断的线团中找出线头，抽出一根又一根丝线。

"嗯，不错，比你这几个兄弟强。"高欢笑着赞许道，他没想到平日里寡言少语、皮肤黝黑、其貌不扬的高洋竟然如此才思敏捷，行事果断。

高欢死后，他的大儿子高澄继续担任大丞相，把持东魏的朝政。刚过了两年，就在高澄被封为齐王，准备登基当皇帝时，却意外地遇刺身亡。刚刚二十出头的高洋临危不乱，挺身而出，迅速抓获刺客，同时迅速地稳定了政局。乱事平定后，高洋继承父亲和兄长的事业，继续担任大丞相和齐王。不久他就逼迫东魏孝静帝让位，自己登基称帝，建国号为"齐"，史称北齐。

北齐刚刚建立的时候，西魏的宇文泰认为高洋年轻，刚建立的政权还不稳固，于是率大军前来入侵。但是高洋毫不畏惧，穿上铠甲，跨上战马，御驾亲征，奔赴前线。宇文泰听说齐军士气高昂，知道自己轻视了高洋，还没等两军交战就下令退回长安。

此后，心存大志的高洋一点儿都没闲着，率领大军频频出战，打败了北方柔然、山胡等游牧民族，在北部边疆修建长城，对南梁的征战也大多获胜，把北齐的边界拓展到淮河以南。经过几年的开拓，北齐疆域广大，人口众多，军队强大。此时，西魏政权也已被宇文氏取代，建立了北周，但北齐才是鼎立的三大政权（北齐、北周、南梁）中最强大的一个。

可是随着国家的强盛，被突厥可汗称为"英雄天子"的高洋却急转直下，从积极上进转为荒唐残暴。在他当皇帝的最后几年，他不仅浪费民力，大兴土木，修建楼台宫殿，还性情暴躁，杀人如麻，最终由于酗（xù）酒过度而英年早逝。

射雕英雄斛律光

高洋去世时年仅34岁，他所开创的北齐王朝寿命也同样短暂。虽然高洋一度让北齐国力强大，但他死后北齐皇室也陷入手足相残的内斗中，朝政混乱，国家开始走下坡路。到了北齐后主高纬时，这个能力平庸、性情懦弱的皇帝总是疑心别人要谋反，自毁藩篱，先后冤杀了北齐最重要的两员大将斛律光和兰陵王高长恭。

斛律光是高欢最信任的敕勒族将领斛律金（就是前面唱《敕勒歌》的那位）的儿子，他从小就善于骑射，武艺出众，17岁时就跟随父亲出征，在战场上活捉敌军军官，由此得到高欢的赏识。

一次，斛律光陪同高澄出门打猎。一只大鸟从他们头顶飞过，眼疾手快的斛律光拉弓引箭，一箭就射中了大鸟的脖子。大鸟像车轮一样，旋转着从天空掉落下来。仆从们跑上前去，把猎物捡回来一看，原来是一只大雕。高澄接过这只大雕，一边看一边称赞斛律光的箭法高明。旁边的人也不禁感慨："哇，这就是真正的射雕英雄啊！"此后，人们都称斛律光为"落雕都督"。

北齐建立后，斛律光追随高洋南征北战，立下了许多战功。斛律光的官越做越大，成了大将军、丞

相，他的女儿也成了北齐后主高纬的皇后。可是高纬对他的岳父并不信任。一年，斛律光接连打败北周军队，俘虏了上千人，率领将士们得胜归来。军队还没有抵达都城邺城的时候，高纬的圣旨就到了。

"圣上有旨，战事结束，军中将士可就此解散，各自回家。"使者拦住斛律光的马，阻止大军继续前进。

"什么？将士们打了胜仗，朝廷应该给奖赏呀。就这么让大家各自回家，岂不是让人寒心？"斛律光努力压抑心中的怒火，派人赶到宫中去请求皇帝下旨赏赐，同时让大军继续前进，一直走到邺城外不远的地方，才下令驻扎下来等待。

皇宫里的高纬听说斛律光违抗圣旨，带着军队逼近邺城，心中十分恼怒。可斛律光是朝廷里的重臣，又是皇后的父亲，高纬只好按照斛律光的要求赶紧赏赐将士，让军队解散。军旅出身的斛律光性情耿直，不仅惹了高纬一肚子气，也得罪了皇帝的亲信小人。这些人在背后编造谣言，诬陷斛律光要谋权篡位，终于说动了高纬以谋反的罪名将斛律光处死。

最帅战神兰陵王

多疑的高纬不仅对外姓人不放心，对自己的亲戚也放心不下。高长恭是高澄的儿子，论辈分算是高纬的堂兄，被封为兰陵王，曾多次参加北齐与突厥、北周等的战役，屡立战功。

邙（máng）山之战时，北周派大军攻打洛阳，高长恭、斛律光等率军前往救援。北周的军队将军事重镇金墉（yōng）城围困得严严实实，城中的守军无法突围，北齐援军一时也不敢硬闯。胆识过人的高长恭只带了五百名骑兵，一路血战冲进了北周军的包围圈，来到金墉城下。城上的士兵看到有一队人马杀了进来，可是一时不敢确定是敌是友，不肯打开城门。

"是我！高长恭！快开门！"高长恭摘下脸上的面具，仰头朝城墙上的守军大喊。

"是兰陵王！弓箭手，快放箭！掩护兰陵王进城！"认清了来人，城中的守军欣喜若狂，赶紧接应。

原来高长恭天生俊美，又太年轻，缺乏一股能让敌人畏惧的威武之气，所以他就让人特制了一张狰狞的面具，上战场时戴着这个面具能让敌人望之胆寒。高长恭成功突围，围攻就此瓦解，北周军队弃营而逃，一路上丢盔弃甲，狼狈不堪。邙山一战让兰陵王高长恭威名大震，振奋的北齐将士们兴奋地唱起战歌，这支歌就是后来有名的《兰陵王入阵曲》。

高长恭为北齐立下战功，却惹得高纬不高兴。一次宫宴之上，酒过三巡，大家不再拘泥于君臣之礼，畅快地聊

了起来。

"你的胆子也太大了吧！怎么敢就那样冲进敌军阵营之中？万一突围不成，岂不是追悔莫及？"高纬带着醉意问高长恭。

心地单纯的高长恭完全没有意识到高纬的这个问题中带着猜忌，脱口而出："这是咱们高家的家事，我当时也没想那么多，顾不上害怕。"

话一出口，看到高纬脸上闪过一丝不悦的神情，高长恭立刻明白自己说错了话——"家事"两个字难免让高纬疑心这个堂兄弟是不是有争夺皇位的心思——可是已经太晚了。之后高长恭想方设法地想要隐退，可是都不能成功，最终还是被高纬赐毒酒杀死。

生怕自己皇位被抢的高纬没有想到，他杀害忠臣良将的同时就是在削弱本国的力量。果然，斛律光和高长恭死后没几年，北周的军队就攻破邺城，高纬被俘，北齐灭亡。

（故事源自《北齐书》）

刘徽（huī）、祖冲之与圆周率

魏晋时期的数学家刘徽提出了"割圆术"，即不断倍增圆周内接正多边形的边数来求圆周率的方法。他利用割圆术科学地求出了圆周率 π≈3.1416 的结果。在刘徽成果的基础上，南北朝时期的数学家祖冲之进一步将圆周率精确到小数点后的7位数，算出圆周率的真值在3.1415926和3.1415927之间。祖冲之因此被全世界公认为第一位将圆周率值计算到小数点后第7位的数学家。祖冲之还给出圆周率的两个分数形式：22/7（约率）和355/113（密率），后人用他的名字将"约率"命名为"祖冲之圆周率"，简称"祖率"。

你怎么看？

你觉得高洋快刀斩乱丝的方法有没有解决高欢提出的问题？

北周灭北齐

隐忍能成大事

西魏年间，长安的丞相府中几个孩童正在追打跑闹，嬉笑声远远地传到了刚从大门进来的宇文泰耳中。从皇宫回来的宇文泰心中烦乱，一脸疲惫，路过院子的时候不自觉地停下脚步，望着正玩得开心的孩子们。

"祢（mí）罗突参见父亲。父亲看起来心情不好，可否让孩儿为您分忧？"宇文泰的四儿子宇文邕（yōng）撇下伙伴跑了过来，他用手擦了擦额头上的汗，懂事地询问父亲，祢罗突是他的鲜卑语小名。

宇文泰弯下腰，慈爱地拍了拍男孩儿的头："祢罗突还太小，等你长大了，才

能替父亲分忧呐。"

"嗯，孩儿一定勤习武，多读书，长大后跟随父亲平定天下！"小宇文邕目光坚定地说。

宇文泰欣慰地用双手扶住儿子的肩膀，语重心长地说："祢罗突，你们兄弟当中能成就为父志向的，一定就是你啦！"

几年之后，宇文泰巡视北部边境，中途染上重病，一病不起。宇文泰赶紧派人把侄子宇文护叫来，当宇文护赶到时，宇文泰已经病危，他紧紧握着宇文护的手说："我恐怕是不行了。可是我的儿子们都还小，朝廷内外还不安稳。朝中的事和家中的事，都要托付给你啦，一定要完成我的志向啊！"

宇文泰去世时，宇文邕只有14岁。虽然是平辈，但宇文护比宇文泰的儿子们都大得多，而且他很早就开始追随宇文泰南征北战，深得宇文泰的信任。他掌权后，立刻逼迫西魏恭帝让位给宇文泰的三儿子宇文觉，改国号为"周"，历史上称为北周，宇文觉就是北周孝闵（mǐn）帝。

但是由于宇文护专权跋扈，孝闵帝背地里策划要除掉他。事情泄露后，宇文护先下手为强，逼迫孝闵帝退位，另立宇文泰的大儿子宇文毓（yù）为皇帝，就是北周明帝。可是明帝也不愿受宇文护的摆布，想要夺他的权。宇文护于是派人暗地里给明帝的饭菜下毒，将他毒死。明帝临死时留下遗诏，把皇位传给四弟宇文邕（yōng）。宇文护只能立宇文邕为皇帝，就是北周武帝。

宇文邕当上皇帝后，没像他的哥哥们一样急于除掉宇文护，而是继续让宇文护掌管朝政大权，并且还对他礼敬有加。北周的皇位问题终于稳定下来，开始专心于对外发展。当时北周的北边有突厥，东边有北齐，南边的梁已被陈取代。北周先与突厥联手攻打北齐。

北周的军队从西出发，突厥的军队从北出发，两军联合，一路突破北齐的长城，打到晋阳城下才暂时罢手。同时，双方约定第二年再一起来伐齐。北齐后主高纬吓破了胆，赶紧想办法拉拢北周。不久，宇文护收到了一封特别的家书：

萨保我儿：想当年我十九岁嫁入宇文家，如今已经八十岁了。我一辈子生了三男两女五个孩子，可是如今没有一个儿女在身边。我在这里衣食不愁，可是每每想到与你相隔千里，有生之年恐怕不能再见面，心中悲痛不已……

  萨保是宇文护的小名，年近五十的宇文护读着这封来自母亲的信，摩挲着母亲随信寄来的自己小时候穿过的衣裳，不禁泪流满面。

  原来，宇文家出身于北魏的武川镇，世代从军。北魏末年，六镇起义爆发，乱世之际，宇文护的祖父、父亲都战死了，叔叔宇文泰投奔贺拔岳，西入关中。宇文护当时年纪很小，被留在晋阳，跟母亲和姑姑相依为命。后来，宇文护被叔叔接到身边，而他的母亲、姑姑等人还留在晋阳。高欢掌权后，宇文家的亲眷都被扣押，历经东魏、北齐，宇文护与母亲天各一方，分别了35年。

  一想到自己在北周当着大官，锦衣玉食，而自己的老母亲却困在北齐，宇文护就心痛不已。思母心切的宇文护赶紧给母亲回信，同时也跟北齐朝廷交涉，让他们将母亲送还。经过一番努力，北齐终于将宇文护的母亲送到了长安，母子团聚，少不了涕泪横流。

  可是与突厥相约再次共同东伐的时间到了，突厥已经派出大军。而因为北齐送还母亲，心存感激的宇文护此时并不想出兵，可是他又不敢失信于突厥，怕突厥掉过头来攻打北周。万般无奈之下，他只好奏请朝廷，带兵东征。

这次东征，北齐征调了二十万人马，出发前宇文邕还在太庙亲自授给宇文护代表军权的斧钺（yuè）。虽然筹备得声势浩大，可是宇文护并没有什么军事才能，内心也不情愿伐齐，所以大败而归。这次失败，让他在朝廷中的威望大大受损。同时，他的几个儿子也都不成器，整天不务正业，为非作歹。深谋远虑的宇文邕当了十几年傀儡皇帝，隐忍到30岁时，终于等到了好时机，一举除掉权臣宇文护，当上了真正的皇帝。

宇文邕胸怀大志

宇文邕一直没有忘记父亲当年平定天下的志向，如今他要继承父亲的遗志，成就一番大事业。要想消灭对手，首先自身要实力强大。宇文邕发现北周有个大问题：当时佛教太兴盛，信佛出家的人非常多，寺庙拥有许多土地，出家的和尚不

用给国家交税，搞得国家缺钱也缺人。

在除掉宇文护的第二年，宇文邕开始着手解决佛教的问题。他先组织佛教、道教和儒家的信徒们辩论，认定儒家思想最好，道教其次，佛教最差。那些不服气的和尚拼命与宇文邕争辩。

"陛下，如果您非要靠着皇帝的权力消灭佛教，就成了心有邪念的人，将来是要下地狱的！地狱里不分贵贱，陛下难道就不怕吗？"气急败坏的和尚竟然以下地狱来威胁宇文邕。

宇文邕本来还努力克制，此时忍无可忍，勃然大怒，瞪着那和尚说："只要能让百姓过上好日子，朕不怕下地狱！"

辩论过后，宇文邕下令在全国开展一场灭佛运动，将寺庙收归国有，佛像全部砸毁，出家的和尚都要还俗。这一场运动给了佛教很大的打击，同时也让国家有了更多的钱粮和兵源。国力大增的北周，有了出兵灭掉北齐的本钱。

当时的中国北方，西边是胸怀大志的北周武帝宇文邕，东边则是昏庸无能的北齐后主高纬。宇文邕早就看透了北齐的混乱，做好准备后，立刻出兵伐齐。第一次东伐进展还算顺利，但宇文邕突然生病而被迫中途退兵。第二年秋天，宇文邕集中了十四万兵力再次出兵，兵锋直指晋阳。

寒冬腊月，平阳城下聚集北周的八万大军，自东至西绵延二十多里。宇文邕跨上马，在阵前检阅部队。每到一个阵营，他都能直接叫出领军将领的名字，将士们深受感动，纷纷表示一定会拼死为国效力。

决战即将爆发，侍从给宇文邕牵来一匹高头大马，一看就知道是难得的千里马："陛下，您换一匹马骑吧。"

宇文邕瞥了一眼新牵过来的马，心里一下子就明白侍从是什么意思："为什么要给朕换马？难道让朕打了败仗独自逃跑吗？"

侍从的脸一下子红到了耳朵根，赶紧灰溜溜地把千里马牵走了。事实证明，侍从确实是多虑了。北齐军队果然不堪一击，北周军队刚一进攻，北齐兵就纷纷丢盔卸甲，逃命去了，被他们丢在路边的武器、铠甲和各种东西绵延上百里。

平阳一战，北齐主力军被打垮，北齐后主高纬一路逃回邺城。北周军队攻破邺城后,他又往南逃,半路上被追兵俘虏,送往长安。就此,宇文邕灭掉北齐,统一了北方。

灭齐之后,宇文邕本打算一鼓作气,再用一两年的时间"平突厥,定江南",统一天下。可是,就在御驾亲征突厥的半路上,宇文邕一病不起,他抱着遗憾病逝时只有36岁。

皇太子宇文赟(yūn)即位,就是北周宣帝。可惜的是,与志向远大、励精图治的宇文泰和宇文邕截然不同,宇文赟是个胸无大志的人,他非但不能继承祖父和父亲的遗志,继续推进统一天下的事业,反而干了许多荒唐事。他当上皇帝刚一年就禅位给儿子宇文阐(chǎn),自己当上了太上皇,又过了一年就因酒色过度而病逝。宇文氏的没落让宇文阐的外祖父杨坚有了可乘之机,杨坚先是以辅政之名把持朝政,之后又让外孙让位给自己。杨坚称帝后,改国号为"隋",北周灭亡。

(故事源自《周书》《北史》)

知识卡片

颜之推与《颜氏家训》

颜之推是南北朝时期的文学家、教育家。颜之推生于南梁,从小就博览群书,学识渊博。他起初在南梁当官,后被北朝西魏俘虏。南陈取代南梁后,颜之推放弃返回江南,留居北齐并再次当官。北周攻灭北齐后,颜之推再次被俘,被遣送到长安。隋朝建立后,颜之推又在隋朝当官。颜之推一生辗转南北,饱经忧患,在文学和学术上有许多创作,其中流传下来并且影响最大的就是《颜氏家训》。《颜氏家训》是颜之推记述个人经历、思想、学识以告诫子孙的著作,是中国历史上第一部体系宏大、内容丰富的家训,开家训创作之先河,对后世有很大影响。

江南最后的靡靡之音

乱世英雄再定江南

南梁末年，临安县的一座宅子门口，一队凶神恶煞的官兵手持武器，粗暴地敲着大门。

"开门！快开门！再不开门就别怪我们不客气！"领头的官兵冲着门缝大嚷道。

隔了好一阵子，一个家仆模样的老人才战战兢兢地把门打开一点缝隙，还没等他开口问话，官兵就一拥而上，冲进院子里。官兵们冲进堂屋，领头的官兵看着一屋子吓呆了的老老少少，吼道："我们奉宇宙大将军之命来抓陈霸先的家属，快把他们交出来！"宇宙大将军就是侯景。

"我们跟你们走，但你们不要为难其他人。"开口说话的是陈霸先的侄子陈蒨（qiàn），面对这样的场面只有他保持着镇静。侯景发动叛乱的时候，他的父亲在与侯景军队战斗时身亡。不久前，陈霸先举兵讨伐侯景，陈蒨于是带着家人来临安县避难。他早就料到会有这一天，所以没有惊慌失措。

"那好，只要你们乖乖跟我们走，我们保证不伤害其他人。"领头的官兵摆出

一副通情达理的样子。

"去建康路途遥远，先让我们收拾一些干粮和路上换洗的衣物。"陈蒨给旁边一位中年妇人使了个眼色，示意她赶紧去里屋收拾东西。这妇人正是陈霸先的妻子，她搂在怀里的少年是陈霸先的儿子。看到官兵们没有动粗的迹象，陈蒨也回屋收拾行装。

陈蒨偷偷在袖子里藏了一把小刀，暗自盘算如果有机会见到侯景，拼了命也要把他刺死。可是在被扣押期间，侯景始终没召见过他们。终于熬到了陈霸先的大军攻破石头城，侯景兵败，陈蒨才带着堂弟和婶婶逃到陈霸先的军营中。

平定侯景之乱的主要力量，一支是陈霸先率领的南路大军，另一支是由王僧辩率领的西路大军，陈霸先和王僧辩因此成为拯救南梁于危难之际的大功臣。侯景之乱是南梁衰败的转折点，梁武帝萧衍饿死在台城后，南梁开始四分五裂，西魏和北齐也趁火打劫，抢夺了长江以北许多土地。

陈霸先和王僧辩起初都听从坐镇江陵的梁元帝的号令，但是西魏军队攻陷江陵，朝廷中的皇帝和官员都被西魏俘虏。国不可一日无君，陈霸先和王僧辩商

议共同拥立梁元帝的儿子萧方智当皇帝。

可是虎视眈眈的北齐要求王僧辩立当年被北齐俘虏的、梁武帝的侄子萧渊明为皇帝，还派了大军护送萧渊明南归。王僧辩无力抵挡北齐的攻击，只好被迫同意迎立萧渊明。陈霸先听说后勃然大怒，认为王僧辩背信弃义，不仅背弃了萧方智，还会受制于北齐。于是陈霸先发兵，打进建康城，除掉王僧辩，再立萧方智。这样陈霸先便成为南梁最重要的功臣，掌握了实权。

让萧渊明当南梁皇帝的计划失败了，不甘心的北齐于是发兵南伐，一路打到了建康城。陈霸先率领守军与北齐军队在北郊对峙。当天夜里，电闪雷鸣，狂风肆虐，大雨倾盆。北齐军队驻扎在低洼之处，将士们坐卧在泥泞当中，脚趾都被水泡烂了。梁军所在的地势较高，境况比北齐军稍微好一些。

大雨一连下了三天才停。梁军虽然没有像北齐军那样被一直泡在泥水中，但军中的粮食都吃完了，大家饿得没有力气再战。正在陈霸先一筹莫展之际，陈蒨居然克服万难送来了三千石米和一千只鸭子。陈霸先赶紧让人连夜蒸米饭、煮鸭肉，天亮之前，每位将士都吃上了香喷喷的鸭肉饭。吃饱后，梁军士气大增，陈霸先出其不意地发动反攻，一鼓作气大败北齐，守住了建康城。

平定侯景之乱，打败王僧辩，击退北齐侵犯，陈霸先建立的功业跟萧道成和萧衍不相上下，自然也要开创自己的王朝。陈霸先于是让萧方智让位，自己登基称帝，改国号为"陈"，史称南陈，南梁灭亡。陈霸先史称陈武帝。

陈霸先在位两年就去世了，皇位传给他的侄子陈蒨，就是陈文帝。陈蒨继续把地方上的叛乱一一扫平，虽然与梁朝全盛时期相比，北边的领土被北周和北齐抢走很多，但长江以南至此总算再次稳固下来。

亡国之君陈叔宝

陈蒨去世后，又过了十几年，皇位传到后主陈叔宝手上。比起治理国家，陈叔宝在诗歌和音乐上更有天赋，他最喜欢在宫中召集文人与嫔妃玩乐，一边宴饮，一边作诗，一边歌舞。陈叔宝所作的诗歌，流传到后世的有近百首，他还亲自创作"吴歌"让宫女们演唱。

陈叔宝是非常有才华的诗人和音乐家，但作为皇帝他就相当不合格了，他把时间和钱财都浪费在游宴上，却把朝政抛在一边不理。他创作过一首有名的诗叫《玉树后庭花》，被后人视为"亡国之音"。在他的统治下，南陈的政治越来越腐败，老百姓的日子也过得十分凄惨。

就在陈叔宝以为歌舞升平的好日子不会有尽头时，长江以北早已换了天地。北周灭了北齐，统一了北方，不久北周又被隋取代。在隋文帝杨坚的治理下，隋朝政治清明，国力强大，朝廷上有着一种蓬勃向上的朝气。从西晋灭亡以来，祖逖、桓温、苻坚、刘裕、拓跋焘、宇文邕等一代又一代人都以统一天下为理想，此时杨坚距离这一理想的实现只差最后一步了。

对于陈叔宝的昏庸、陈朝的腐败和江南人们生活的困苦，杨坚了然于胸，他发出豪言，说自己作为全国百姓的君主一定要越过长江，扫平江南，救民于水火。公元589年，杨坚终于下定决心让二儿子杨广南伐。杨广率领五十万大军，兵分八路伐陈，大军一路打过长江，攻克了建康城。包括陈叔宝在内，陈朝的皇室、百官都成了俘虏，浩浩荡荡地被押送到长安。

至此陈朝灭亡，在分裂了两百七十多年后，中国终于再次实现统一。

（故事源自《陈书》《南史》《梁书》）

知识卡片

六朝古都南京

南京古名金陵、建业、建邺、建康等。公元229年，吴大帝孙权在此建都，此后，东晋和南朝的宋、齐、梁、陈相继在此建都，故南京有"六朝古都"之称。六朝时期的建康城是当时世界上最大的城市，也是世界上第一个人口超过百万的城市。六朝建康城最先采用中轴对称的布局，对中国都城发展有重要影响。六朝皇宫是当时中国规模最大、最壮丽的宫殿，延续了360年，史书记载其"穷极壮丽，冠绝古今"。今天，南京图书馆和六朝博物馆仍保留着六朝时期建康城的部分遗址。

你怎么看？

像陈叔宝这样在文学、音乐或艺术方面很有天赋，但在治理国家方面却很糟糕的皇帝，在历史上还有好几个，比如北宋的宋徽宗。在他们的支持下，当时的文艺得到发展，但国家却陷入危难甚至亡国。在你看来这样的皇帝该如何评论其功过呢？